Terapia dialéctica conductual

Lo que necesita saber sobre la TDC y una simple guía de terapia cognitiva conductual

Tabla de contenido

Primera Parte: Terapia conductual dialéctica

Una guía de DBT para controlar las emociones, la ansiedad, los cambios de humor y el trastorno límite de la personalidad, con técnicas de atención para reducir el estrés

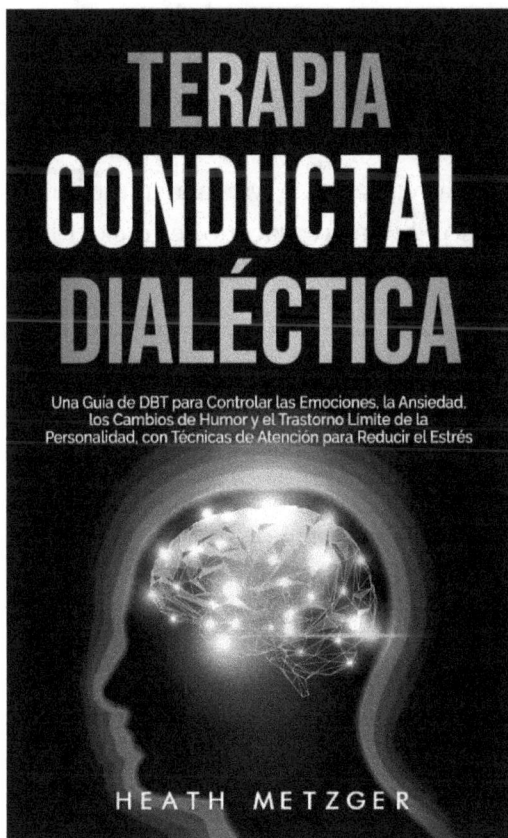

Introducción

Tómese un momento y piense en una vida sin enojo, decepción, estrés, angustia, frustración o cualquier otra emoción indeseable. Piense en lo maravillosa que sería su vida si pudiera controlar sus emociones. Incluso si parecen incontrolables en un momento, puede aprender a regularlas. Vivir una vida como esta ciertamente suena genial, ¿no? Si quiere hacerlo, este es el libro perfecto para usted.

Hay una variedad de emociones que todos experimentamos; algunas de ellas son deseables, mientras que otras son indeseables. Las emociones tienden a influir directa o indirectamente diferentes aspectos de nuestra vida. Dado que nuestros pensamientos a menudo se basan en nuestras emociones, puede resultar difícil mantener la mente clara cuando las emociones son intensas. La incapacidad para hacer frente a emociones intensas puede obstaculizar rápidamente su capacidad para llevar una vida feliz y sin estrés.

Millones de personas en todo el mundo sufren de una variedad de trastornos de regulación de las emociones como el trastorno límite de la personalidad (TLP), el trastorno obsesivo compulsivo (TOC), el trastorno de estrés postraumático (TEPT), la ansiedad y la depresión. Si está cansado de permitir que sus emociones definan sus decisiones y desea aprender a controlarlas, el método DBT será útil. DBT son las siglas de Dialectical Behavior Therapy. La Dra. Marsha Linehan desarrolló el concepto de DBT, y es un tratamiento clínicamente probado y basado en la evidencia para la regulación de las emociones y el manejo de emociones intensas.

Este libro es ideal para cualquiera que quiera aprender más sobre DBT. La información incluida en este libro se presenta de manera fácil de entender, haciéndolo ideal para principiantes y expertos. Este libro es una guía de referencia sobre DBT y atención plena. La información actualizada, junto con las diferentes técnicas (incluida la atención plena) para tratar diversos trastornos mentales, marca la diferencia con otras guías disponibles en el mercado. La atención plena no es solo una parte integral de DBT; es vital para su bienestar general. La atención plena le enseña a vivir su vida en el presente, en lugar de en los pensamientos preocupantes sobre el pasado o el futuro. Si no puede vivir su vida en el presente, sus patrones de pensamiento estarán plagados de negatividad y ansiedad. En este libro, aprenderá sobre la historia de DBT, el significado y los principios básicos de DBT, los beneficios que ofrece, los diferentes tipos de problemas de salud mental y cómo se puede usar DBT para abordarlos y manejarlos. La conciencia sobre la salud mental aumenta constantemente y, con ella, se identifican nuevos trastornos. Atrás quedaron los días en que los problemas de salud mental se consideraban un tabú. Desde lidiar con TLP hasta abordar el TOC y la ansiedad, pasando por controlar el TEPT, las inseguridades, las fobias y la depresión, este libro tiene todo lo que ha estado buscando. Todos los consejos prácticos y técnicas que se dan en este libro se centran en la atención plena y la DBT. Todo lo que se requiere es un compromiso serio, así como tiempo, esfuerzo, paciencia y constancia, para manejar cualquier emoción difícil o desagradable.

Si desea hacerse cargo de su vida y manejar sus emociones sin dejar que lo abrumen, permítanos comenzar de inmediato.

Capítulo uno: Terapia dialéctica conductual y atención plena para manejar las emociones

La terapia dialéctica conductual (DBT) es una forma de terapia cognitivo-conductual originalmente para ayudar a las personas que padecen el trastorno límite de la personalidad (TLP). El objetivo principal de DBT es enseñar a una persona a vivir el momento, afrontar el estrés, regular las emociones y mejorar las relaciones consigo mismo y con los demás. Aunque originalmente estaba destinado a personas con TLP, en estos días, se usa para cualquier otra condición de salud en la cual un individuo exhibe cualquier forma de comportamiento autodestructivo o abuso de sustancias. Por lo tanto, es seguro decir que DBT puede ayudar a cualquier persona a manejar y controlar sus emociones de manera constructiva.

La premisa detrás de este enfoque es que algunos individuos tienden a reaccionar intensa y desproporcionadamente ante determinadas situaciones. Especialmente, situaciones emocionales asociadas con diferentes relaciones en sus vidas. La teoría de DBT sugiere que ciertos individuos tienen niveles de excitación más rápidos respecto a ciertas situaciones que un individuo promedio. Por lo tanto, experimentan un mayor nivel de estimulación emocional y tardan un poco más que un individuo promedio en regresar al estado normal.

Historia

La Dra. Marsha Linehan y sus colegas acuñaron el concepto de DBT durante la década de 1980. Descubrieron que ciertos aspectos de la terapia cognitivo-conductual (TCC) no eran suficientes para los pacientes diagnosticados con TLP. Entonces, la Dra. Linehan, junto con su equipo, idearon varias técnicas y una nueva línea de tratamiento para ayudar a satisfacer las necesidades únicas de las personas con TLP. El concepto principal de esta técnica se basa en procesos filosóficos conocidos como «dialéctica». La dialéctica sugiere esencialmente que todas las cosas están constituidas por opuestos, y el cambio ocurre cuando una fuerza es mayor que la fuerza opuesta. En términos académicos, puede nombrarse como tesis, antítesis y síntesis. La dialéctica se compone de tres supuestos básicos, y son los siguientes:

- Todo está interconectado.
- El cambio no solo es constante sino inevitable.
- Todos los opuestos pueden integrarse para formar una aproximación cercana a la verdad.

En DBT, el paciente, junto con el terapeuta, trabajan activamente en la resolución de las contradicciones entre la autoaceptación y el cambio, para lograr un cambio positivo en el paciente. La Dr. Linehan y sus colegas también idearon otra técnica conocida como «validación». Observaron que cuando la necesidad de cambio se suma con la validación, aumenta la cooperación del paciente y se reduce la angustia asociada con afrontar el cambio.

Componentes de DBT

Hay tres componentes de DBT, y son los siguientes.

DBT está orientada al apoyo. Básicamente, permite a una persona identificar sus fortalezas y desarrollarlas para que no solo se sienta mejor consigo mismo, sino con su vida en general.

DBT tiene una base cognitiva. Ayuda a una persona a aprender habilidades para identificar sus pensamientos, creencias o suposiciones, que le dificultan la vida. Por ejemplo, un pensamiento como «Soy una persona terrible si me siento enojado» o «Necesito ser bueno en todo, y cualquier cosa que no sea perfecta es desagradable», puede hacer inmediatamente que cualquiera se sienta mal consigo mismo o con su vida. DBT permite a las personas identificar esos patrones de pensamiento y reemplazarlos con diferentes otros que harán su vida más llevadera. Por ejemplo, los patrones de pensamientos negativos discutidos anteriormente pueden ser reemplazados por unos más constructivos como: «No necesito ser perfecto para agradar a los demás» o «La ira es una emoción normal que todos experimentan». Se requiere mucha colaboración en DBT. Su éxito depende esencialmente de la relación entre el cliente y el terapeuta. En DBT, se anima a las personas a resolver los problemas en sus relaciones con la ayuda de un terapeuta. En DBT, un individuo necesita realizar su tarea, probar diferentes actividades sugeridas por el terapeuta y practicar ciertas habilidades para tranquilizarse cuando está molesto. Todos estos aspectos son cruciales para DBT y se enseñan en conferencias o sesiones semanales seguidas por una revisión. DBT es una excelente manera de reconfigurar el cerebro y reemplazar patrones de pensamiento dañinos con patrones positivos. Lo cual, a su vez, tendrá un efecto positivo general en la vida del individuo.

¿Cómo funciona DBT?

DBT se ha convertido en un tipo regular de terapia cognitivo-conductual. Un curso regular de DBT toma alrededor de 24 semanas, pero hay diferentes duraciones para el tratamiento. Es una cuidadosa combinación de sesiones individuales y grupales. Siempre que un individuo opta por DBT, se espera que participe en los tres escenarios terapéuticos, como se menciona a continuación.

Al individuo se le enseñan, en un salón de clases, ciertas habilidades de comportamiento a través de tareas, junto con diferentes formas de juego de roles para interactuar con los demás. Por lo general, dura entre dos y tres horas semanales.

En la terapia individual, un profesional o terapeuta capacitado utiliza las habilidades conductuales enseñadas en las sesiones anteriores para ayudar a la persona a superar cualquier desafío personal de su la vida. Estas sesiones se desarrollan en simultáneo al trabajo del aula. Una sesión de terapia habitual dura hasta 60 minutos y se realiza una vez a la semana.

La tercera opción es el coaching de turno. El enfoque de turno permite que una persona busque a su terapeuta entre sesiones para recibir orientación y hacer frente a las dificultades que enfrentan en el momento.

DBT no solo es útil para el paciente sino también para el terapeuta. A menudo ofrece apoyo a los terapeutas mientras atraviesan problemas complicados; pueden reunirse con un equipo de consulta para mantener alta su motivación mientras tratan los pacientes.

Módulos de DBT

Efectividad interpersonal

Si desea ser más asertivo en cualquier relación de su vida, la eficacia interpersonal es esencial. Se trata de lidiar consigo mismo, respetarse a uno y a quienes lo rodean. Le permite comprender sus límites mientras mantiene relaciones saludables y positivas. Esto ocurre cuando comienza a escuchar y comunicarse de manera efectiva y eficiente.

Aquí tiene un ejercicio simple que puede probar. Si desea mejorar sus relaciones a través de la comunicación positiva, utilice el acrónimo GIVE (Dar en inglés). GIVE significa *gentle, interest, validation, and easy* (gentil, interés, validación y facilidad). Mientras se comunica con los demás, sea amable y nunca juzgue, ataque o amenace a la otra persona. Muestre siempre interés a través de buenas habilidades de escucha. Podría ser tan simple como escuchar sin interrumpir mientras la otra persona habla. Lo tercero a tener en cuenta es la validación. Independientemente de si está de acuerdo o en desacuerdo con los sentimientos o pensamientos de la otra persona, reconózcalos siempre. Lo último que debe tener en cuenta es ir con calma. Tenga siempre una actitud tranquila en la vida, sonría con más frecuencia y no se tome las cosas demasiado en serio.

Atención plena

La atención plena es quizás el principio más importante de DBT. Permite concentrarse solo en el presente y comenzar a vivir la vida en el momento. Al hacer esto, puede notar fácilmente todos sus pensamientos, sentimientos o sensaciones que experimenta, sus impulsos y el mundo que lo rodea. La atención plena esencialmente le permite calmar su mente y encontrar mecanismos saludables para afrontar y lidiar con el caos emocional o el dolor. También le permite mantener la calma y evitar involucrarse en patrones de pensamientos negativos o conductas impulsivas.

Aquí hay un ejercicio simple que puede probar. Para desarrollar la atención plena, comience a concentrarse en su respiración. Observe cómo se siente cada vez que inhala y exhala. Observe la forma en que su vientre sube y baja al inhalar y exhalar. Poner toda la atención en la respiración, le permite mantenerse conectado con el momento, mientras deja ir los pensamientos innecesarios.

Regulación emocional

Como sugiere el nombre, la regulación de las emociones se trata de comprender y regular sus emociones. A menos de que lo haga, no podrá mantener su bienestar emocional. Le permite ajustar sus emociones, junto con su intensidad, y regular sus respuestas. Al observar y hacer frente a las emociones negativas, puede aumentar la probabilidad de tener experiencias emocionales positivas, al tiempo que reduce la vulnerabilidad emocional innecesaria.

Aquí tiene un ejercicio simple que puede probar. Tómese un momento y observe cómo se siente y piense en lo contrario de lo que esté sintiendo. Si se siente triste y quiere alejarse de su círculo habitual de amigos, intente hacer lo contrario. En lugar de retirarse, haga planes para conocer a sus seres queridos.

Tolerancia a la angustia

Un problema común a muchas personas es aceptarse a sí mismos y a todas las situaciones de su vida actual. La tolerancia a la angustia le enseñará a tolerar o superar cualquier crisis utilizando técnicas simples como auto-calmarse, distraerse, moverse o pensar en los pros y contras. La tolerancia a la angustia le brindará las habilidades necesarias para hacer frente a las emociones angustiantes e intensas, mientras ve la vida de manera positiva.

Aquí tiene un ejercicio simple que puede probar. Para mejorar sus habilidades de tolerancia a la angustia, intente poner su cuerpo a cargo para variar. Si está sentado en el interior, salga un rato. Si está sentado en el escritorio, dé un paseo corto. También puede intentar subir y bajar un tramo de escaleras. Básicamente, se trata de distraer su mente permitiendo que sus emociones fluyan libremente por su cuerpo.

Beneficios de DBT

Quizás el beneficio más significativo de DBT es que ayuda a obtener una comprensión más clara de las emociones y la capacidad de hacer una pausa y controlarlas. Si puede aceptar su realidad y entender las cosas tal como son, sin recurrir a reacciones intensas, la tendencia hacia comportamientos destructivos se reducirá. Aparte de este, presentaremos otros beneficios de DBT.

DBT le permite al individuo ser menos crítico. Una vez que deje de juzgar y adopte una postura neutral sobre sí mismo y el mundo que lo rodea, estará mejor preparado para regular las emociones. Asumir una postura sin prejuicios lo hace menos susceptible a ser gobernado por sus emociones. También se cree que DBT puede ayudar a frenar o reducir significativamente cualquier pensamiento suicida u otros comportamientos destructivos.

Una vez que haya completado con éxito todo el programa DBT, estará en una mejor posición para formar y cultivar relaciones duraderas. Mantener relaciones sólidas y constantes sin duda ayuda a la salud mental.

DBT también le permite desarrollar una imagen propia saludable. Una vez que empiece a sentirse mejor consigo mismo, reducirá la necesidad de entregarse al abuso de sustancias. Aparte, se le ocurrirán mecanismos más saludables, en lugar de destructivos, para afrontar con los acontecimientos de la vida cotidiana.

En lugar de dar rienda suelta a sus emociones, aprenderá a manejarlas con éxito. También aprenderá técnicas para ser asertivo de una manera constructiva y desarrollará técnicas simples para manejar cualquier conflicto personal. La autoaceptación también es un beneficio que ofrece DBT. Por ejemplo, una vez acepte que tiene ciertos defectos, y que estos defectos no lo convierten en una mala persona, se sentirá mejor.

DBT y Atención Plena

La atención plena se trata de prestar atención a lo que sucede en el momento. Se trata de vivir la vida en el presente, sin pensar demasiado en el pasado o preocuparse por el futuro. La mayoría tiende a vivir la vida en piloto automático. Al usar la atención plena, cambiará el modo de piloto automático y aprenderá a saborear cada momento de la vida. Por ejemplo, cuando vive su vida en piloto automático, puede viajar de un destino a otro y no recordar ni una sola parte del viaje. Con la atención plena, tomará conciencia no solo de sus pensamientos, sino también de todas sus acciones.

Puede haber casos en los que se sienta un poco abrumado por sus emociones. La atención plena le permite alejarse de sus sentimientos y analizar cuidadosamente la situación en cuestión. Una vez que entienda lo que sucede, podrá evitar fácilmente que sus emociones se salgan de control. No solo lo que sucede dentro de usted, sino también en el mundo fuera. Tendrá una idea más clara de sus pensamientos, sensaciones, sentimientos e impulsos, y usará todos sus sentidos mientras vive su vida. Algunos de los beneficios que ofrece la atención plena incluyen: reducir las distracciones; aumentar la regulación emocional; reducir pensamientos innecesarios; lidiar con las emociones y la ansiedad o la depresión; reducir las emociones desagradables; y el aumento de la actividad cerebral asociada con emociones positivas.

Entonces, ¿qué tiene que ver la atención plena con la DBT? Como se dijo anteriormente, la atención plena forma la columna vertebral de la terapia conductual dialéctica. De hecho, es la primera habilidad que generalmente se enseña en DBT. Sin atención plena, será imposible cambiar los patrones de pensamiento, sentimiento y comportamiento de larga data. También le permite regular sus emociones y superar situaciones difíciles en la vida, sin empeorarlas. También es fundamental para regular cualquier conflicto interpersonal.

Capítulo dos: Trastornos emocionales y de salud mental: Señales a tener en cuenta

Siempre que hablamos de salud, tendemos a pensar en dolencias físicas o mentales. Sin embargo, hay un tercer aspecto de la salud que incluye la salud emocional. No mucha gente se da cuenta de la importancia de la salud emocional. De hecho, los términos salud mental y salud emocional se utilizan a menudo como sinónimos. Existe una diferencia entre los dos. Ciertas áreas de la salud mental y la salud emocional se superponen y comparten ciertas similitudes, pero son dos conceptos bastante diferentes. Su bienestar general depende del equilibrio entre su salud emocional, mental y física.

Dos aspectos importantes de su personalidad que influyen en la salud mental son su capacidad para procesar y razonar. Necesita un fuerte sentido del razonamiento para comprender sus emociones, regularlas y prevenir la inestabilidad. Todas las decisiones que tome sobre cómo desea reaccionar ante diferentes escenarios deben procesarse cuidadosamente para evitar estrés y ansiedad innecesarios. Cualquier desequilibrio tiende a poner su salud en un estado precario, lo cual influye en su capacidad general para funcionar de manera óptima. Entonces, ¿qué es la salud mental?

Las habilidades de pensamiento cognitivo y la capacidad de mantenerse concentrado están asociadas con la salud mental. Estas habilidades también involucran su capacidad para almacenar información, procesarla y comprenderla. Sí, el bienestar psicológico, emocional y social son todos aspectos de su salud mental.

A veces, las personas pueden experimentar ciertos problemas asociados con la salud mental, que influyen negativamente en su pensamiento, estado de ánimo y comportamiento general. Se cree que uno de cada cinco adultos en los Estados Unidos sufre de algún tipo de trastorno mental cada año. Existen diferentes tipos de trastornos mentales, como esquizofrenia, depresión, trastorno bipolar, etc. Aprenderá más sobre estos en la siguiente sección. Algunos de los síntomas más comunes de inestabilidad en la salud mental son cambios de humor agudos, abuso de alcohol, uso de drogas, alucinaciones, pensamientos dañinos, tendencias suicidas, alejamiento de la sociedad, falta de energía, sentimientos de desesperanza, sueño excesivo, falta de sueño, y la incapacidad para realizar las tareas habituales de manera eficaz.

Entonces, ¿qué es la salud emocional? La salud emocional implica el funcionamiento psicológico. Se trata de entenderse a uno mismo, sus emociones y de expresarlas de manera apropiada según la edad. Su comportamiento, pensamientos y sentimientos, tanto internos como externos, se incluyen en su salud emocional. Controlar sus emociones, evaluar sus reacciones y prevenir el estrés innecesario son elementos esenciales para controlar su salud emocional. Mantener la salud emocional es un proceso continuo. Si quiere llevar una vida sana y feliz, no puede darse el lujo de ignorar su bienestar emocional.

Los conceptos de salud emocional y mental son distintos, pero a menos que haya cohesión entre ellos, no se encontrará un equilibrio. Al manejar eficazmente su salud emocional y mental, puede minimizar la ira, el estrés, la ansiedad, el miedo, la preocupación o cualquier otra emoción desagradable. Todos tendemos a experimentar cientos de emociones y pensamientos a diario. La mayoría de las decisiones que tomamos se basan en estas emociones y pensamientos. Provienen de nuestra capacidad para razonar cognitivamente y procesar toda la información que recibimos de situaciones específicas. Por eso, es fundamental que comprenda los diferentes aspectos de su vida, para mejorar. Estos dos aspectos complementarios, aunque distintos, de su salud trabajan juntos para garantizar su bienestar general. Aparte de esto, influyen en la forma en que interactúa y se comunica consigo mismo y con los que le rodean.

La terapia conductual dialéctica proporciona ciertas técnicas y tácticas que puede utilizar para mejorar su salud emocional y mental. Eso, a su vez, mejora su cociente emocional al tiempo que mejora la calidad general de su vida.

Tipos de trastornos de salud mental y emocional

Hay varios tipos de trastornos de salud mental y emocional. Hoy en día, la conciencia de la gente sobre la importancia del bienestar emocional y mental está aumentando constantemente. Atrás quedaron los días en que los problemas asociados con la salud mental se consideraban tabú. Toda la investigación y el desarrollo en curso en este campo tienen como objetivo mejorar la calidad de vida general de un individuo. Conocer los siguientes trastornos emocionales y de salud mental lo colocará en una mejor posición para evaluar su bienestar emocional y mental.

Trastornos del estado de ánimo

Los trastornos del estado de ánimo también se conocen como trastornos afectivos. Implican sentimientos de niveles constantes y extremos de tristeza o felicidad y fluctuaciones extremas en el estado de ánimo general. El trastorno bipolar, el trastorno ciclotímico y la depresión son tipos comunes de trastornos del estado de ánimo. Un psiquiatra o un profesional de la salud capacitado puede diagnosticar este tipo de trastornos afectivos.

Desórdenes de ansiedad

El estrés, el miedo o el pavor son las reacciones comunes a las personas con trastornos de ansiedad hacia situaciones u objetos específicos. Aparte de esto, también pueden experimentar síntomas físicos de pánico o ansiedad, como sudoración excesiva y frecuencia cardíaca elevada. Hay tres formas sencillas de diagnosticar un trastorno de ansiedad. El primero es cuando la respuesta de un individuo a una situación es inapropiada o exagerada, el segundo es cuando un individuo no puede controlar su respuesta a una situación y el tercero es cuando la ansiedad comienza a interferir con la capacidad del individuo para funcionar normalmente. Existen diferentes tipos de trastornos de ansiedad, como el trastorno de ansiedad social, el trastorno de ansiedad generalizada, las fobias específicas y el trastorno del pánico.

Trastornos de la alimentación

Cualquier actitud, comportamiento o emoción extremos asociados con la comida y el peso corporal están asociados con los trastornos alimentarios. Los tipos más comunes de trastornos alimentarios incluyen bulimia, anorexia y trastorno alimentario compulsivo.

Desórdenes psicóticos

La distorsión de los patrones de pensamiento y conciencia son las características principales de un trastorno psicótico. Los síntomas más comunes de un trastorno psicótico son delirios y alucinaciones. En las alucinaciones, un individuo tiende a experimentar sonidos o imágenes que no son reales e incluso puede comenzar a escuchar voces. También puede tener ciertas creencias, aunque se haya demostrado su falsedad, pero parece aceptarlas como la verdad absoluta, incluso si hay evidencia contraria. El ejemplo más común de trastorno psicótico es la esquizofrenia.

Trastornos de personalidad

Un individuo con un trastorno de personalidad tiende a tener características inflexibles y extremas que no solo son angustiantes para el individuo en cuestión, sino también para quienes lo rodean. Los trastornos de la personalidad a menudo interfieren con la capacidad para funcionar de manera óptima y efectiva en las diferentes relaciones de la vida personal y profesional. Aparte de esto, los patrones de pensamiento de un individuo, junto con los comportamientos, tienden a diferir de las expectativas habituales de la sociedad. Estos patrones suelen ser tan rígidos que interfieren con la capacidad de un individuo para funcionar normalmente. Los ejemplos más comunes de trastornos de la personalidad incluyen el trastorno de personalidad obsesivo-compulsivo, el trastorno de personalidad antisocial y el trastorno de personalidad paranoica.

Trastornos del control de impulsos

La incapacidad para regular y resistir los impulsos o el impulso de realizar acciones que pueden ser potencialmente peligrosas para sí mismo o para los demás se conoce como trastorno del control de impulsos. Los ejemplos más comunes de trastornos del control de los impulsos incluyen la cleptomanía, la piromanía y el juego compulsivo. Las drogas y el alcohol son fuentes comunes de adicciones. Por lo general, las personas con control de impulsos o trastornos de adicción se involucran mucho en su adicción y comienzan a ignorar otros aspectos de su vida independientemente de las consecuencias.

Trastorno de estrés postraumático

Siempre que una persona experimente un evento aterrador o traumático, puede resultar en un trastorno de estrés postraumático o PTSD. El evento podría ser una agresión física, la pérdida de un ser querido, un desastre natural o una agresión sexual, por ejemplo. Aquellos que tienen PTSD, se entumecen emocionalmente debido a los pensamientos aterradores o al daño duradero asociado con los recuerdos de un evento traumático.

Trastorno obsesivo compulsivo

Cuando un individuo está constantemente acosado por miedos o pensamientos que lo instigan a realizar rituales o rutinas específicas de manera constante, se conoce como trastorno obsesivo-compulsivo. El trastorno obsesivo compulsivo o TOC es la creación de ciertas obsesiones o rituales conocidos como compulsiones. Por ejemplo, una persona puede tener un miedo irracional a los gérmenes y, por lo tanto, se lava o desinfecta constantemente las manos.

Trastorno disociativo

Un trastorno disociativo se caracteriza principalmente por cualquier cambio grave en la memoria, alteraciones de los recuerdos, o cualquier otra alteración en la conciencia, la identidad y la conciencia general de uno mismo y de su entorno. Cualquier evento que cause un estrés abrumador puede resultar en un trastorno disociativo. A menudo es el resultado de un accidente, evento o desastre traumático que un individuo presenció o experimentó. Anteriormente se conocía como trastorno de personalidad dividida o trastorno de personalidad múltiple. El trastorno de despersonalización es un ejemplo de trastorno disociativo.

Síndrome de respuesta al estrés

El síndrome de respuesta al estrés se conocía anteriormente como trastorno de adaptación. Siempre que un individuo desarrolla ciertos síntomas conductuales o emocionales en respuesta a cualquier evento o situación que provoca estrés, resulta en un síndrome de respuesta al estrés. Los factores estresantes pueden ser desastres naturales, eventos desafortunados, crisis importantes o incluso problemas interpersonales. Enfrentar la muerte de un ser querido, superar un desastre natural, lidiar con un diagnóstico de una enfermedad potencialmente mortal o un divorcio pueden resultar en el síndrome de respuesta al estrés. Por lo general, ocurre dentro de los tres meses posteriores a una situación o evento estresante, y se termina automáticamente seis meses después o cuando el estrés se elimina o se detiene.

Trastornos de síntomas somáticos

El trastorno de síntomas somáticos se denominaba anteriormente trastorno somatomorfo o trastorno psicosomático. En este trastorno, un individuo tiende a experimentar síntomas físicos de dolor o enfermedad, en un grado excesivo y desproporcionado, pero las pruebas médicas no pueden encontrar la causa física. Induce grandes niveles de angustia y puede hacer miserable a cualquiera.

Trastornos facticios

En un trastorno facticio, un individuo puede quejarse intencional o conscientemente de síntomas emocionales o físicos para colocarse en el papel de paciente o de alguien que requiere ayuda y atención.

Trastornos sexuales

Los trastornos sexuales afectan negativamente el desempeño sexual, el comportamiento y el deseo de una persona. La parafilia y la disfunción sexual son los ejemplos más comunes de trastornos sexuales.

Tics

El síntoma más obvio de un trastorno de tic es generar sonidos o movimientos corporales sin intención de forma repentina, repetida, incontrolable y rápida. Cualquier sonido hecho involuntariamente se conoce como tic vocal. Un ejemplo común de tic nervioso es el síndrome de Tourette.

Causas comunes

El cerebro humano es extremadamente complicado e increíblemente poderoso. No es fácil comprender las causas exactas de los problemas de salud mental. De hecho, los investigadores todavía están tratando de descubrir las causas principales. Es posible que la causa no siempre sea única y, a menudo, es una combinación de diferentes factores, incluida la genética, el medio ambiente, la infancia o la forma en que funciona su cerebro, etc. Estos son algunos de los factores más comunes que pueden provocar problemas de salud mental.

Los factores genéticos juegan un papel importante. Si hay antecedentes de problemas de salud mental en la familia, aumenta el riesgo de desarrollar los mismos. Sin embargo, el hecho de que alguien de la familia tenga una enfermedad mental no significa que otros también la padecerán. Ciertas condiciones médicas, junto con los cambios hormonales, también pueden influir en la salud mental. El abuso de sustancias como el consumo excesivo de alcohol o el consumo de drogas ilícitas puede desencadenar episodios de psicosis o episodios maníacos. La paranoia también puede ser inducida por el consumo de drogas como anfetaminas, marihuana y cocaína. Cualquier trauma o estrés con el que haya tenido que lidiar en la niñez o la edad adulta también puede aumentar el riesgo de problemas de salud mental. Las experiencias traumáticas como servir en una zona de guerra o lidiar con violencia doméstica, relaciones abusivas o un abuso en la infancia pueden dejar cicatrices duraderas en la psique. Además, existen ciertos rasgos de personalidad, como el deseo de perfección o la baja autoestima que pueden aumentar el riesgo de ansiedad o depresión.

Comprender estas causas es importante, ya que le permite determinar si está en riesgo de desarrollar algún problema de salud mental. A menos que se comprenda y se acepte a sí mismo y a su realidad, no podrá utilizar las técnicas DBT que se describen en los capítulos siguientes.

Síntomas comunes

Ahora que conoce los diferentes tipos de trastornos, ¿cómo identificarlos? ¿Cómo notar la diferencia entre el mal humor y algo potencialmente más grave? Si no se siente usted mismo o tal vez uno de sus seres queridos no parece ser su yo habitual, ¿qué puede hacer? Darse el gusto de beber en exceso, períodos prolongados de tristeza, aislamiento social o entregarse a pensamientos y comportamientos negativos son signos de algún tipo de problema de salud mental. La salud mental requiere un compromiso serio e ignorarlo es imprudente.

Sentirse deprimido o infeliz

Uno de los signos más comunes de cualquier problema de salud mental es sentirse infeliz o deprimido durante períodos prolongados. Todos tendemos a sentirnos un poco tristes de vez en cuando, y podría ser por varias razones. Sin embargo, aferrarse a esas emociones desagradables durante períodos prolongados suele ser un síntoma de problemas de salud mental. Si nota que no tiene ganas de hacer algo que solía hacer o se siente inexplicablemente triste, no ignore estos síntomas. Quizás parezca triste o irritable durante un par de semanas y no tenga la motivación para seguir con su vida diaria. Si se está quedando sin energía o tiene los ojos llorosos todo el tiempo, podría ser un síntoma de depresión.

Sentirse preocupado o ansioso

Experimentar estrés y preocupación es bastante normal, y todo el mundo lo experimenta en algún momento u otro. Sin embargo, la ansiedad prolongada es un signo de problemas de salud mental. Si su ansiedad interfiere constantemente con su vida o le impide llevar una vida normal, es un síntoma que requiere su atención inmediata. Otros síntomas a los que puede prestar atención incluyen dolores de cabeza constantes, diarrea, palpitaciones del corazón, dificultad para respirar e inquietud.

Problemas para dormir

Un adulto promedio requiere alrededor de 7 a 9 horas diarias de sueño de buena calidad y sin interrupciones. Si nota algún cambio persistente en sus patrones de sueño habituales, puede ser un síntoma de problemas de salud mental. El insomnio es un síntoma común de problemas de ansiedad o incluso de abuso de sustancias. La incapacidad para dormir o dormir en exceso son ambos desagradables. También podría ser un síntoma de un trastorno del sueño o, en casos extremos, depresión. Como con cualquier otra función, es necesario que haya equilibrio.

Arrebatos emocionales

Nuestro estado de ánimo cambia constantemente y todos experimentamos diferentes estados de ánimo. Sin embargo, cualquier cambio dramático o repentino en el estado de ánimo, como la ira extrema o incluso la angustia, son síntomas de problemas de salud mental. Cualquier oscilación extrema en las emociones o la incapacidad de regular sus emociones es una señal de advertencia. Si siente que sus respuestas emocionales a las situaciones son bastante severas y desproporcionadas con el problema en cuestión, es hora de evaluar su salud mental.

Abuso de sustancias

No hay nada de malo en beber ocasional o socialmente. Sin embargo, existe un límite para cada cosa, y si excede este límite, será perjudicial para su bienestar general. Si nota que está consumiendo alcohol o drogas como un mecanismo para afrontar y lidiar con cualquier problema en su vida, es una señal de problemas. El abuso de sustancias es uno de los mecanismos indeseados más comunes de afrontamiento para los individuos ante cualquier desequilibrio emocional o mental.

Necesidad de aislarse

Pasar un tiempo a solas es fundamental para recargar energías. Todos necesitamos un poco de tiempo a solas lejos de las distracciones. Estar callado de vez en cuando no es preocupante. Sin embargo, si siente que se está alejando de la vida en general y no es un cambio normal, podría indicar un problema de salud mental. Si se aísla con regularidad o se niega a participar en actividades sociales, podría ser una señal de que necesita ayuda.

Cambios drásticos en el apetito o el peso

La mayoría de nosotros intenta perder un par de kilos de más, pero las fluctuaciones extremas de peso o la pérdida rápida de peso pueden ser una señal de advertencia potencial para cualquier forma de problema de salud mental. Cualquier cambio drástico en el apetito o en la pérdida de peso suele estar asociado con trastornos alimentarios o depresión. Si nota que está utilizando la comida como un mecanismo de afrontamiento poco saludable, es hora de evaluar su salud mental.

Cambios drásticos en los sentimientos o conductas

Por lo general, la mayoría de los problemas de salud mental comienzan como cambios mínimos en la forma en que piensa, siente y se comporta. Si nota algún cambio significativo y progresivo en su forma de comportarse o si siente que se está comportando de una manera que no es normal para usted, es posible que esté desarrollando un problema de salud mental. Si algo no se siente bien o siente que está perdiendo algo, es hora de buscar consejo profesional y tener una conversación sobre su salud mental.

Sentirse culpable

Puede sentirse culpable cada vez que hace algo mal. Sin embargo, si los sentimientos de culpa o inutilidad no desaparecen, podría ser una señal de problemas de salud mental. Por ejemplo, si nota que tiene pensamientos como «Todo es culpa mía», «No puedo tener éxito, soy un fracaso» o «No valgo nada» durante períodos prolongados, puede indicar un problema más profundo. Si siente que se está culpando constantemente y analizando críticamente todo lo que hace, también podría ser un signo de depresión.

Es fundamental que preste algo de atención a su bienestar mental y emocional. Tome nota siempre que experimente alguno de los síntomas que se describen en esta sección. No intente suprimir los síntomas y, en cambio, busque asesoramiento profesional y trate de lidiar con ellos.

Cuándo buscar ayuda

Si los sentimientos de culpa e inutilidad son incontrolables, pueden convertirse en pensamientos suicidas. También puede provocar pensamientos de autolesiones. Si nota algún síntoma grave como pérdida extrema de control, incapacidad para permanecer en el presente, alucinaciones, shock extremo, pensamientos suicidas o incluso una necesidad de lesionarse, se trata de emergencias médicas o emocionales. Busque ayuda de inmediato y no posponga las cosas. Si no se controla, podría dañarse a usted y a quienes lo rodean.

Capítulo tres: Establecer metas para el bienestar emocional y mental

¿Alguna vez se ha fijado metas? Si es así, entonces es como todos los demás. ¿Ha podido alcanzar todas las metas que se propuso? Probablemente no, y eso está bien. No muchas personas alcanzan los objetivos que se fijaron y, a menudo, se debe a que no se establecen los objetivos correctos. A menos que tenga ciertas metas en la vida, es difícil mantenerse en el camino correcto. ¿Cómo puede determinar cuál es la dirección correcta si no es consciente del resultado final que desea lograr? Aquí es donde entran en juego las metas. Una meta puede ser cualquier cosa que desee lograr.

Una meta es una oportunidad para cambiar y comprometerse con un curso de acción. Las personas suelen proponer puntos de referencia diferentes y específicos para alcanzar sus objetivos de salud, como: «Sé que mi dieta será más saludable si puedo incluir una porción de vegetales verdes en mis comidas diarias» o «Sé que mi resistencia ha aumentado ya que puedo hacer ejercicio veinte minutos más de lo habitual». Estos objetivos son extremadamente específicos y le permiten medir cualquier progreso que realice. Sin embargo, ¿qué pasa con su salud mental? ¿Cómo puede establecer metas para algo demasiado grande para comprenderlo o entenderlo? No se trata solo de establecer metas, sino que las metas deben ser alcanzables. Si no comprende sus objetivos o no tiene la motivación para cumplirlos, no tiene sentido. Establecer una buena meta determina su tasa de éxito. Aquí hay un par de objetivos comunes que las personas suelen proponer cuando se trata de su bienestar emocional o mental:

- Me siento triste y quiero ser más feliz.
- Necesito dejar de estresarme todo el tiempo y aprender a estar más relajado.
- Debo trabajar para mejorar mi confianza y autoestima para sentirme mejor conmigo mismo.

No hay nada de malo en estos objetivos. Una vez que verbaliza los objetivos mencionados anteriormente, es útil concentrar su energía y prepara el escenario para alcanzar la autorreflexión y el crecimiento. Sin embargo, estas afirmaciones son bastante amplias y puede ser un poco complicado determinar dónde comenzar, qué hacer y cómo puede lograr sus objetivos. El avance hacia el logro de sus objetivos debe realizarse de una manera realista, sostenible y saludable. En esta sección, veremos algunos consejos simples que puede seguir al establecer metas para su bienestar mental y emocional.

Piense diferente

Quizás el consejo más simple sea preguntarse cómo puede vivir su vida de manera diferente para lograr su objetivo. Este tipo de pensamiento le permite avanzar hacia su estado ideal, en lugar de preocuparse por alejarse de su estado actual. Por ejemplo, si quiere dejar de sentirse deprimido y quiere sentirse feliz, empiece a pensar en cuán diferente podría llevar su vida para ser más feliz.

Aquí hay un par de preguntas que puede hacerse:

- «Si quiero mejorar mi autoestima y confianza personal, ¿qué tipo de afirmaciones debo hacer? ¿Cómo debe sonar mi diálogo interno si quiero sentirme mejor conmigo mismo?»

- «Si quiero sentirme más feliz, ¿Qué cosas debo hacer? ¿Hay alguna experiencia específica en la que deba participar para sentirme feliz?»

- «Si quiero sentirme más relajado, ¿qué cosas debo hacer con más frecuencia? ¿Cuál es el tipo de mentalidad que debo asumir para sentirme relajado en la vida?»

Respuestas concretas

Una vez que identifique diferentes preguntas asociadas con su salud mental o emocional en el paso anterior, es momento de buscar algunas respuestas. Piense en todas las acciones o comportamientos específicos que puede utilizar para alcanzar sus metas. Por ejemplo, si su objetivo es sentirse feliz, quizás pueda comenzar a pasar más tiempo con sus seres queridos. Tal vez también puedas interactuar más con los demás y asistir al menos a dos reuniones sociales por semana.

Si está tratando de mejorar su confianza personal, entonces tal vez deba concentrarse en mejorarse a sí mismo. Concéntrese en su diálogo interior y hágalo más positivo y afirmativo. Por ejemplo, si siente que no ha logrado nada o se siente impotente, puede reemplazar ese diálogo interno con: «Estoy orgulloso de la forma en que lidié con las dificultades en mi pasado y he recorrido un largo camino». Empiece a reemplazar todos sus patrones de pensamiento negativos por otros positivos y deseables, y automáticamente se sentirá mejor consigo mismo.

Límite de tiempo

Independientemente de los objetivos que se establezca, debe haber un límite de tiempo. Permítase un período específico dentro del cual pueda realizar un seguimiento de sus objetivos. Una vez que haya establecido un marco de tiempo, será más fácil no solo realizar un seguimiento de su progreso, sino también medir su progreso. Por ejemplo, si está trabajando para sentirse más feliz, puede realizar un seguimiento de la cantidad de salidas sociales a las que asiste en una semana. Tal vez pueda comenzar a pensar en todas las ocasiones en un día en que conscientemente desvió su pensamiento de algo negativo a positivo. Si siente que debe esforzarse más, puede hacerlo. Dedique algo de tiempo a pensar en todas las cosas que le impiden alcanzar sus metas.

Si verifica de forma rutinaria el progreso que realiza, las posibilidades de lograr sus objetivos aumentarán. Empiece a concentrarse en ciertas áreas de su vida que le permitirán alcanzar sus metas. Piense en formas en las que pueda saborear sus logros y mejorar su sentido de autoestima. Debe motivarse para seguir adelante. A menos que esta motivación venga de adentro, las posibilidades de lograr cualquier objetivo en la vida disminuirán.

Progreso general

De vez en cuando, dé un paso atrás y observe su progreso general. Piense en ello como una reflexión para un informe de autoanálisis. Le permitirá ver el panorama general y realizar cambios cuando sea necesario. Una pregunta simple que puede hacerse en esta situación es: «¿Con qué regularidad he trabajado para lograr mis metas y cómo me siento acerca de los cambios que he hecho en la vida?». Una vez que empiece a observar el progreso, probablemente identificará las áreas que agotan su energía. Quizás se encuentre con ciertos rasgos de personalidad que no reconocía, que le impiden alcanzar sus metas. Tal vez sea necesario revisar sus objetivos en función de su estilo de vida actual o de las situaciones de su vida.

Debe haber un espacio de reflexión para comprender cómo se siente respecto a los diferentes cambios que realiza para lograr sus objetivos. Le brindará una oportunidad invaluable para deleitarse con sus logros e identificar cualquier área de su vida en la que no haya podido alcanzar sus metas. A veces, puede haber algunos obstáculos que limitan su progreso. Al tomar nota de todos estos obstáculos, puede encontrar soluciones para superarlos. O tal vez cambie su curso de acción para evitarlos por completo. Mientras intenta hacer ciertos cambios, incluso puede identificar barreras importantes en su pensamiento que le impiden sobresalir en la vida. La buena noticia es que puede mejorar significativamente su bienestar emocional y mental utilizando DBT. De hecho, durante la autorreflexión, es posible que se dé cuenta de que el mayor obstáculo en la vida es su forma de pensar y sentir. Una vez que aprenda a regular todo esto, será más fácil alcanzar cualquier objetivo.

Establecer metas SMART

Mucha gente se fija metas sin darse cuenta de su importancia. El objetivo puede ser bueno al principio, pero puede oscurecerse cuando al apuntar a la luna y hacer promesas imposibles con ciertos objetivos que se fijaron. El dicho: «Dispara a la luna. Incluso si fallas, aterrizarás en las estrellas», no siempre funciona cuando se trata de establecer metas. Si se fija metas inalcanzables, simplemente está preparando una decepción. Está bien apuntar alto, pero las metas que establezca deben ser alcanzables. De lo contrario, simplemente aumentará la duda y la decepción que siente en la vida. En su intento por lograr cosas rápidamente, saboteará cualquier progreso. Las personas a menudo esperan experimentar una rápida explosión de energía cada vez que se fijan metas. Desafortunadamente, este tipo de pensamiento no conduce al éxito. Si desea lograr un progreso sólido y duradero, se necesita mucho tiempo, esfuerzo y paciencia. También requiere resiliencia para recuperarse de ciertos contratiempos, que son inevitables. Independientemente del objetivo que establezca, estos son ciertos rasgos de los que no puede prescindir.

Un objetivo común respecto a la salud es «Quiero perder peso». Será increíblemente difícil alcanzar este objetivo si no está seguro de cuánto peso quiere perder, cuándo y por qué. A menos que comprenda las razones de su objetivo, es difícil mantener la motivación para alcanzarlo. Los detalles involucrados en el establecimiento de una meta, especialmente las horas, no pueden pasarse por alto. Ahora, quizás se esté preguntando: ¿por qué parece fácil establecer metas para la salud física, pero no para la salud mental?

El acrónimo SMART significa metas que son simples, medibles, alcanzables, realistas y de duración determinada (simple, measurable, attainable, realistic, and time-bound). Aquí hay un ejemplo simple de cómo usar el acrónimo SMART al establecer objetivos para su salud mental. Un hombre llamado Adam ha vivido con ansiedad desde que tiene memoria. Debido a su ansiedad, siempre tuvo problemas para obtener buenas calificaciones en los exámenes en la escuela, a pesar de ser un buen estudiante. Se las arregló para conseguir un trabajo, y una vez lo hizo, todas las responsabilidades con las que tenía que lidiar aumentaron. Comenzó a experimentar ansiedad generalizada mientras interactuaba con gerente, y luego ataques de pánico debido a la presión del trabajo. Todo esto lo llevó a idear un plan para mejorar su salud mental y manejar su ansiedad de manera efectiva. Así es como Adam estableció metas con la técnica SMART:

Dado que el objetivo de Adam era reducir la ansiedad, comenzó a pensar en las diferentes herramientas que podía usar para reducirla y lidiar con los ataques de pánico. Al idear técnicas específicas, comenzó a sentirse más seguro en el trabajo. Para que su objetivo fuera mensurable, Adam decidió realizar un seguimiento diario de sus emociones y comenzó a calificar la ansiedad que sentía en una escala del uno al diez. Trató de hacerlo al menos una vez al día para comprender mejor cómo se sentía y los diferentes eventos que la desencadenaron. Adam quería sentirse menos ansioso, lo cual es un objetivo simple, pero alcanzable. Después de investigar un poco y reunirse con un terapeuta, Adam se dio cuenta de que su objetivo era razonable y perfectamente alcanzable. Por lo tanto, creía que, con tratamiento, esfuerzo y paciencia, podría lograr de manera realista su objetivo de reducir su ansiedad general. El último paso de Adam al establecer su objetivo fue poner un límite de tiempo. Deseaba trabajar en mejorarse a sí mismo para reducir la ansiedad antes de que terminara el año. Fijó un límite de tiempo específico dentro del cual podría implementar varias estrategias para manejar su ansiedad.

Como puede ver, Adam logró establecer una meta realista y bien pensada para sí mismo. Este objetivo no solo es medible, sino que también viene con ciertos marcadores que puede usar para seguir su progreso. Dado que tiene un límite de tiempo, hace que el objetivo sea más realista y tangible. Por lo tanto, al establecer una meta, también debe seguir los mismos pasos que siguió Adam para que sus metas fueran alcanzables.

Independientemente del objetivo que se proponga, alcanzarlo requiere motivación y compromiso. No se esfuerce demasiado ni trate de alcanzar sus objetivos rápidamente. En cambio, comience a hacerlos más realistas para usted. No tiene que hacer cosas porque alguien más las haga. Incluso si los objetivos que se propuso no tienen sentido para los demás, no se preocupe. Siempre que sus metas estén en sintonía con sus ambiciones y no sean poco realistas, puede alcanzarlas. Incluso si vacila, no tiene que preocuparse. Todo es un proceso de aprendizaje. Cada error que comete le enseña una lección. Por lo tanto, deje de preocuparse, mejor concéntrese en ponerse metas SMART.

Capítulo cuatro: Trastornos de ansiedad - 8 técnicas DBT para un alivio instantáneo

Use DBT para la ansiedad

Sigmund Freud clasificó la ansiedad en dos categorías: estrés apropiado e inapropiado. La ansiedad ocurre ante cualquier situación que genere la respuesta de «huir o luchar» en el cerebro. Cuando esto sucede, el sistema límbico, el cual controla el sistema nervioso simpático, se ve anulado y causa síntomas como sensación de nerviosismo, pánico, dificultad para respirar o aceleración del ritmo cardíaco. Estos síntomas pueden ocurrir independientemente de si la amenaza es real o no. Dado que su cuerpo no puede distinguir entre amenazas imaginarias y reales, el sistema de defensa que utiliza es el mismo. Por ejemplo, incluso si no se encuentra en una situación en la cual peligre su vida, pero le preocupa completar ciertas tareas en el trabajo, su cuerpo asume que está bajo estrés. En esta situación se desencadena la respuesta de huir o luchar. Lo cual genera ansiedad.

Las emociones juegan un papel vital en nuestras vidas. Las emociones básicas como el miedo o el estrés están asociadas con la ansiedad. En una situación de riesgo vital, estas emociones tienen sentido, ya que el miedo nos motiva a protegernos. A veces, estas emociones surgen cuando no ayudan o son improductivas. Pueden volverse difíciles de manejar y terminan causando ansiedad o angustia extrema. DBT ayuda a trabajar a las emociones utilizando habilidades cognitivas, y a aplicar esas habilidades a su vida en general. Ayuda a abordar las emociones difíciles o angustiantes mientras mejora su capacidad para regularlas. También, le brinda un mejor control de sus emociones, incluyendo la forma en que las experimenta y expresa.

El objetivo principal de DBT es cambiar e influir sobre las emociones personales. Sin embargo, antes de poder hacerlo, debe comprender y saber de dónde provienen estas emociones y las razones por las que surgen. DBT proporciona técnicas conscientes y sin prejuicios para la observación y descripción de cualquier experiencia emocional que tenga.

Habilidades básicas de DBT

En esta sección, veremos algunas habilidades básicas de DBT. Estas habilidades se pueden utilizar no solo para abordar la ansiedad, sino también para mejorar su bienestar emocional y mental general. Tenga en cuenta que se necesita mucho tiempo, esfuerzo y constancia para desarrollar estas habilidades. Una vez que las domine, notará un cambio positivo en su vida. También tendrá más control de sus emociones. La ansiedad ocurre cuando no puede controlar sus emociones y se siente abrumado por ellas. Al aprender a regularlas, tendrá un mejor sentido de la vida y obtendrá una respuesta racional en lugar de una reacción involuntaria.

Atención plena

La atención plena es una técnica simple que consiste en vivir la vida en el momento presente sin dejarse raptar por pensamientos sobre el pasado o el futuro. Podrá volverse más consciente de sus sentimientos, pensamientos, comportamientos y reacciones con la atención plena. La atención plena le permite calmarse y revisarse a sí mismo, identificando las emociones que siente y luego tomar decisiones conscientes basadas en estas emociones. La atención plena es útil para diferentes aspectos de la vida, no es solo una técnica para lidiar con la ansiedad. Cuando no se controla, la ansiedad puede impedirle llevar una vida feliz y plena. Es una emoción indeseable y evitarla o regularla debe ser una prioridad.

La forma más fácil de practicar la atención plena es concentrándose en su cuerpo. ¿Cuándo fue la última vez que se revisó a sí mismo? ¿Alguna vez se preguntó por qué siente ciertas emociones? ¿Se tomó el tiempo para comprender cómo funcionan sus emociones? Puede salir a caminar y practicar la atención plena todo el tiempo; observe cómo se siente su cuerpo mientras camina. Haga una pausa y mire a su alrededor. Disfrute de la vista de la naturaleza y observe cómo se siente cada movimiento que hace. Siempre que su mente comience a divagar, rediríjase al presente. Puede optar por concentrarse en su entorno externo o concentrarse en sus experiencias internas. Para redirigir su mente, puede concentrarse en lo que esté sucediendo a su alrededor o concentrarse en sus emociones, pensamientos y cualquier otra sensación física. Lo único que debe hacer es vivir la experiencia en el presente.

Por ejemplo, si está perdido en sus pensamientos y está preocupado por una reunión que parece ser la fuente de su ansiedad, pruebe la atención plena. Es posible que esté pensando en todas las cosas que pueden salir mal o en todas las tareas que debe realizar para la reunión. Todo esto puede resultar bastante abrumador. Por lo tanto, tome un descanso y sea consciente de sus pensamientos. Tenga en cuenta que cualquier cosa que piense es solo un pensamiento, y no es real, al menos no todavía. Tiene el poder de cambiar el rumbo de su vida. Aprenda a aceptar y comprender esto y se sentirá mejor. Para hacerlo, debe permanecer en el presente sin permitir que sus pensamientos se vuelvan locos.

No juzgue

A menudo somos extremadamente críticos con nosotros mismos. Este tipo de autocrítica es deseable porque ofrece una oportunidad para mejorar y redimir. Sin embargo, cuando no se controla, la autocrítica excesiva produce mucha ansiedad. Una vez que empieza a dudar de sí mismo, de sus habilidades y de todo lo que ha logrado en la vida, se vuelve increíblemente difícil no sentirse desesperado. La ansiedad en tales situaciones puede impedirle ver cualquier oportunidad que se presente ante sus ojos.

A veces, también nos volvemos críticos con nosotros mismos debido a nuestros pensamientos. Si quiere lidiar con la ansiedad, entonces no debe juzgar. Adopte para la vida una postura sin juzgar y podrá lidiar con la ansiedad. Quizás esté acostumbrado a juzgar las cosas como correctas o incorrectas y buenas o malas. Siempre que comienza a hacer juicios negativos, simplemente está aumentando su dolor emocional. Entonces, cuando se sienta enojado o frustrado, observe los juicios que realiza. Luego, concéntrese conscientemente en reemplazar el juicio con hechos y emociones que siente.

Por ejemplo, si se siente ansioso porque tiene varias tareas que completar y no cree que pueda hacerlo a tiempo, en lugar de permitir que su ansiedad desencadene emociones negativas como frustración, enojo o incluso dudas paralizantes, es hora de hacer una pausa. En lugar de juzgarse a sí mismo críticamente, cambie el pensamiento en sí. Tal vez pueda decirse a sí mismo: «Sé que tengo mucho que lograr, pero puedo hacerlo a tiempo» o «Si divido las tareas y hago una lista, puedo completar todo lo que pueda antes de la fecha límite». Simplemente cambiando su visión de una situación, estará mejor equipado para lidiar con ella.

Aceptación

Aceptar su realidad es una excelente manera de lidiar con la ansiedad. Puede haber ciertas cosas con las que no esté satisfecho o algunos eventos dolorosos que sean fuente de angustia emocional. A menos que acepte el dolor que siente y reconozca lo que haya sucedido, no podrá seguir adelante. Si permite que sus emociones lo abrumen, rápidamente lo dominarán y se sentirá fuera de control. En lugar de eso, empiece por aceptarlas. Miremos el ejemplo anterior y usemos la aceptación para hacer soportable esta situación. La realidad que debe aceptar en la situación es que tiene mucho trabajo por completar. No puede hacer frente a la tarea en cuestión a menos que acepte la situación. Una vez la acepte, podrá pensar con claridad y tranquilidad. Una vez que esté tranquilo, encontrará soluciones para lidiar con la situación en lugar de preocuparse por ella. Simplemente aceptando su realidad, puede reducir el estrés que siente y evitar una ansiedad innecesaria.

8 técnicas DBT para un alivio instantáneo

Técnica 1: Comprender la fuente

Si desea lidiar con su ansiedad, a menos que identifique la fuente o la razón, será difícil. Tómese un tiempo y piense en cualquier situación específica que haya desencadenado su ansiedad. Quizás podría haberla evitado diciendo que no. O tal vez preguntándose qué se supone que debe hacer. Una vez que identifique la fuente, puede tomar medidas inmediatas para rectificarla.

Técnica 2: Concéntrese en respirar

La técnica más sencilla que puede utilizar para el alivio inmediato de la ansiedad es concentrarse en su respiración. Tómese un descanso y concéntrese únicamente en su respiración. Inhale y exhale profundamente. Mientras lo hace, observe cómo se siente y no se concentre en ninguno de sus pensamientos. Puede concentrarse en su respiración hasta diez minutos y se sentirá mejor de inmediato.

Técnica 3: Autocalmarse

Todos experimentamos la vida utilizando nuestros cinco sentidos: visión, tacto, oído, olfato y gusto. Si se siente atrapado en el trabajo, tómese un descanso y salga al aire libre para disfrutar de la naturaleza. Deje lo que esté haciendo y escuche música relajante. Puede beber té de hierbas aromáticas o comer un pequeño bocadillo para estimular su sentido del olfato y el gusto. Aplicar loción perfumada, inhalar los hermosos olores de la naturaleza o encender una vela perfumada le harán sentir relajado. Si es posible, lávese la cara con agua fría o, cuando esté en casa, puede tomar un baño tibio. Si tiene una mascota, juegue con su mascota. Aprenda a calmarse a sí mismo y su ansiedad se desmoronará lentamente.

Técnica 4: Practicar la atención plena

La atención plena es un ejercicio muy simple que le permite procesar sus pensamientos y emociones de manera racional. Siempre que se sienta abrumado, tómese un descanso y dirija su atención a lo que sienta. Permítase sentir sus emociones sin ningún juicio. La atención plena le permite permanecer en el presente sin preocuparse por el pasado o el futuro. Al hacerlo, tendrá una mejor idea de sí mismo y de las situaciones con las que tiene que lidiar. También ayudará a regular su ansiedad.

Técnica 5: Ejercicio

El ejercicio no solo es bueno para la salud física, sino para la salud mental. Siempre que hace ejercicio, su cuerpo produce hormonas que mejoran el estado de ánimo y eliminan el estrés, como las endorfinas. Ayuda a contrarrestar los efectos dañinos del cortisol u otras hormonas que producen estrés en su cuerpo. Un trote rápido, saltar en el mismo lugar durante un par de minutos o cualquier otra cosa que haga que su cuerpo se mueva ayudará a aliviar el estrés.

Técnica 6: Actividades estimulantes

Participe en diferentes actividades que estimulen su mente y requieran pensar. Resolver acertijos, buscar palabras o leer le ayudará a cambiar su enfoque de la ansiedad a algo más positivo y constructivo. Al desviar su atención hacia otras actividades, puede evitar que su mente se concentre en su ansiedad. Planifique un par de actividades divertidas en las que pueda participar con regularidad. Si pasa tiempo con sus seres queridos o realiza sus pasatiempos, se sentirá mejor.

Técnica 7: Ayude a los demás

A veces, ayude a los demás. En lugar de pensar en sí mismo, tómese un momento y trate de pensar en cómo puede ayudar a los demás. Contribuir a la sociedad es una excelente manera de abordar la ansiedad. Le da la oportunidad de hacer algo bueno por los demás y permanecer en el presente.

Técnica 8: Sus logros

La ansiedad puede ser agobiante. Puede inducir sentimientos de inseguridad. Entonces, dese un descanso y piense en todos sus logros. No tiene que ser nada significativo, e incluso las pequeñas victorias importan. En lugar de pensar en todos sus errores o en todas las cosas que han salido mal, concéntrese en lo bueno que tiene en la vida. Concéntrese en sus logros y esté agradecido por ellos.

Si sigue los sencillos consejos que se dan en esta sección, puede obtener un alivio instantáneo para la ansiedad y el estrés. Aparte de esto, comience a trabajar en las tres habilidades básicas de DBT tratadas en esta sección para aliviar la ansiedad y regular sus emociones.

Capítulo cinco: Depresión y regulación emocional - 7 consejos DBT para sentirse mejor AHORA

Los síntomas comunes asociados con la depresión incluyen períodos prolongados de tristeza, incapacidad para enfocarse o concentrarse, reducción en el poder de su memoria, abstinencia y falta de interés en todas las actividades que antes disfrutaba. La depresión también puede manifestarse con síntomas físicos como letargo, incapacidad para dormir, dolores de cabeza y dolores corporales. Mientras experimenta estos sentimientos abrumadores asociados con el dolor emocional, superar los síntomas de la depresión puede ser complicado. DBT le permite aceptarse a sí mismo junto con su situación actual para que pueda tomar medidas correctivas. Al usar DBT, puede superar eficazmente los síntomas comunes de la depresión.

DBT le ayuda a sobrellevar las emociones dolorosas y a desarrollar habilidades de afrontamiento efectivas para superar cualquier desafío que enfrente. Encontrar el equilibrio ideal entre cambio y aceptación es esencial para la regulación emocional. El refuerzo positivo proporcionado por DBT puede permitirle superar cualquier sentimiento paralizante de desesperanza o tristeza aguda. DBT ayuda con la regulación emocional.

Controlar sus emociones, mantenerlas equilibradas y evitar que lleguen a los extremos es una regulación emocional. La desregulación emocional es su incapacidad para controlar sus respuestas emocionales. Por lo general, un evento interno o externo desencadena una experiencia subjetiva como una emoción o sentimiento. Esta emoción o sentimiento da como resultado una respuesta cognitiva o un pensamiento seguido de una respuesta fisiológica basada en las emociones. Cuando está pensando en algo triste, promueve el pensamiento negativo y da como resultado una respuesta fisiológica como un aumento en su frecuencia cardíaca o la producción de hormonas inductoras de estrés. Este proceso a menudo culmina con un comportamiento indeseable, que podría tener la forma la represión o expresiones extremas de emociones.

La desregulación emocional a menudo se caracteriza por reacciones emocionales exageradas. Incluso un evento negativo relativamente pequeño justifica una respuesta emocional exagerada y desproporcionada en un individuo emocionalmente desregulado. Si tiene ganas de gritar, llorar o tener un colapso mental cada vez que se presenta un pequeño inconveniente, es un signo de desregulación emocional. Culpar a otros o mostrar un comportamiento pasivo-agresivo puede dañar efectivamente cualquiera de sus relaciones existentes y aumentar el conflicto en la situación.

Lo bueno de DBT es que se concentra en habilidades y técnicas prácticas con aplicaciones en el mundo real. En esta sección, veremos algunos consejos sencillos que puede utilizar para controlar la depresión y promover la regulación emocional para sentirse mejor de inmediato.

Consejo 1: Identificar las emociones

La forma más fácil de regular sus emociones es identificándolas y etiquetándolas. DBT anima a sus usuarios a idear formas innovadoras y descriptivas de etiquetar sus emociones. En lugar de usar términos genéricos o regulares, la idea principal es que, a menos que sepa cuál es la emoción, no puede manejarla. En DBT, también aprenderá la diferencia entre las emociones primarias y secundarias y cómo abordar cada una de ellas de manera efectiva.

Las emociones primarias son la reacción inicial a un desencadenante o evento y tienden a ser reacciones naturales, mientras que una emoción secundaria es una reacción a la primaria. Por ejemplo, puede enfadarse cuando tiene una discusión con alguien o enfadarse cuando no obtiene lo que desea. Las emociones secundarias son más peligrosas que las primarias. Sin embargo, puede regular sus emociones secundarias y estarán bajo su control. Depende totalmente de usted cómo reaccionar cuando discute con alguien. Sus emociones secundarias pueden desencadenar comportamientos autodestructivos o dañinos. A menos que aprenda y acepte sus emociones primarias, no podrá regular sus emociones secundarias.

Al comprender y etiquetar sus emociones, tenga en cuenta que no existe una emoción correcta o incorrecta. Las emociones son normales y lo único que importa es cómo reacciona ante ellas. Sus emociones son únicas y no tiene que adherirse a ninguna noción de lo que otros piensan sobre las emociones deseables e indeseables.

Consejo 2: Deje ir las emociones indeseables

Si una emoción no conduce a su crecimiento o lo perjudica de alguna manera, entonces no es deseable. Aprender a soltar es una habilidad que resulta útil en diferentes aspectos de su vida. A menudo nos atascamos en un ciclo de negatividad mientras procesamos emociones negativas. En un intento por comprender estas emociones, nos aferramos con más fuerza de lo que se supone que debemos y comenzamos a obsesionarnos con los detalles mínimos asociados con la experiencia emocional.

Incluso si suena paradójico, la aceptación es la primera etapa del abandono. A menos que acepte la emoción que está sintiendo y reconozca el hecho de que no le gusta, no puede dejarla ir. Debe dejar de huir de sus emociones y, en cambio, enfrentarlas de frente, una vez que acepte su sufrimiento. La aceptación también trae consigo una sensación de claridad. Empiece por observar un sentimiento, reconózcalo y déjelo ir. Comprenda que sus sentimientos son solo una parte de usted y no lo definen. A veces, lo mejor que puede hacer es evitar reaccionar a una emoción y permitir que se quede con usted por un tiempo. Por lo general, las reacciones a una situación prolongan el sufrimiento. Empiece a aprender a amar y aceptar todas sus emociones de forma incondicional. La aceptación no es lo mismo que la aprobación. Incluso si no aprueba un sentimiento, acéptelo y solo entonces podrá dejarlo ir.

Consejo 3: Técnica STOPP

STOPP es un acrónimo que significa detenerse, respirar, observar, retroceder y practicar (stop, take a breath, observe, pull back, and practice). Esta técnica funciona brillantemente al lidiar con reacciones intensas. Le impide reaccionar con el calor del momento y, en cambio, promueve reacciones conscientes y racionales. También es una forma de atención plena. Siempre que sienta una emoción intensa, deténgase un momento. Después de hacer una pausa, respire profundamente y exhale lentamente. Estos son los dos primeros pasos.

El tercer paso es observar todos los pensamientos que pasan por su mente y comprender dónde está su atención. Piense a qué está reaccionando y las diferentes sensaciones que experimenta en su cuerpo. El cuarto paso es poner las cosas en perspectiva y mirar el panorama general. Quizás la visión que tiene no sea la única perspectiva, y podría haber otro paradigma que no haya considerado. Piense en cómo reaccionaría un ser querido en una situación similar y discierna si es su opinión sobre cómo reaccionaría o un hecho. Alternativamente, también puede pensar en la importancia del problema específico en un par de meses. Le permitirá comprender si su perspectiva es deseable o no.

En el cuarto paso, comience a practicar lo que funcione para usted. Piense en el mejor curso de acción que puede tomar. Piense si su acción encaja bien con sus valores o no. La única forma de dominar esta habilidad es mediante la práctica constante. Siempre que se dé un tiempo entre una reacción emocional intensa y la acción posterior, podrá regular eficazmente sus emociones.

Consejo 4: Acción opuesta

Siempre que experimente una emoción intensa y desee detenerla, utilice la técnica de la acción opuesta. Las emociones siempre están asociadas con un comportamiento específico, como una discusión que desencadena la ira, o es posible que experimente la necesidad de retirarse cuando se siente triste. Sin embargo, la mayoría de nosotros asumimos erróneamente que las emociones desencadenan el comportamiento en lugar de ser al revés. Puede desencadenar una emoción al participar en un comportamiento específico asociado con esa emoción. En lugar de comportarse como lo hace normalmente cuando se siente de cierta manera, opte por el curso de acción opuesto. Si grita cada vez que está enojado, intente hablar en voz baja. Cuando se sienta triste, hable con sus seres queridos en lugar de aislarse.

Consejo 5: Verifique los hechos

Dar una importancia excesiva a sus emociones o exagerar las cosas es bastante fácil. Al verificar los hechos, puede identificar eficazmente un escenario cuando ocurre y luego trabajar para reducir la intensidad de su respuesta emocional. Para verificar los hechos, aquí hay algunas preguntas que puede hacerse.

- ¿Algo específico desencadenó mi respuesta emocional?
- ¿Cuáles son las diferentes interpretaciones que tengo sobre un evento?
- ¿La intensidad de mi respuesta emocional coincide con la intensidad de la situación?

Consejo 6: Técnica DEAR MAN

DEAR MAN es una habilidad de efectividad objetiva enseñada en DBT. Estos son los diferentes pasos que debe seguir al usar este acrónimo.

Describir

Al lidiar con emociones abrumadoras, comience por describir de manera clara y precisa lo que desea. Sea cortés mientras describe lo que desea de la otra persona. Por ejemplo, si le molesta que su pareja no limpie después de cocinar, tal vez pueda decir: «¿Puedes lavar los platos después de cocinar?» en lugar de «Nunca limpias».

Exprésese

Otros no pueden leer su mente y usted tampoco debe esperarlo. A menos que se exprese claramente, no puede esperar que los demás comprendan lo que quiere. Mientras expresa sus sentimientos sobre la situación, cíñase a las oraciones de «Yo siento» en lugar de «Tú no». Volvamos al ejemplo del paso anterior. En lugar de decir: «Nunca me escuchas y nunca limpias», puede decir algo como «Me siento frustrado porque siento que no me estás escuchando».

Hacerse valer

Deje de andarse por las ramas y vaya al grano. Por ejemplo, si cree que no tiene energía para cocinar, en lugar de decir: «No creo que pueda cocinar esta noche», puede decir: «No tengo la energía para cocinar esta noche, porque tengo mucho trabajo». Sea asertivo y exprésese con claridad y sin ambigüedades.

Reforzar el buen comportamiento

Si otros le responden bien, no debe olvidar recompensarlos. También ayuda a reforzar por qué el resultado que desea es positivo. Podría ser algo tan simple como un agradecimiento o una sonrisa educada. Por ejemplo, si su pareja lava los platos y limpia la cocina sin ningún recordatorio, no olvide reconocer el esfuerzo que ha hecho. Dígales que lo aprecia y recalque por qué es una buena idea limpiar siempre.

La atención plena importa

Mientras se encuentra en medio de una discusión o un acalorado debate, es fácil desviarse y olvidarse del objetivo de la interacción. Sea consciente de todo lo que diga y vuelva siempre al tema en cuestión. No se distraiga y no combine todos sus problemas en un solo argumento.

Parezca seguro

Las apariencias importan y debe parecer seguro. Su lenguaje corporal y comunicación deben mostrar confianza. A menos que parezca seguro, se reducirá la probabilidad de que otros lo escuchen.

Negociación

Es muy poco probable que siempre obtenga lo que quiera de todas sus interacciones. Por lo tanto, aprenda a negociar y esté abierto a todas las negociaciones. Por ejemplo, si quiere que su pareja lave los platos, quizás pueda ofrecerse a hacer algo a cambio. Funcionará como motivación para convencerle de que lave los platos.

Consejo 7: Técnica FAST

Si alguna vez se encuentra en una situación en la que está luchando por mantener sus ideas, utilice la técnica FAST. Esta técnica le ayudará a mejorar su autoestima y a regular eficazmente sus emociones. Estos son los diferentes pasos que debe seguir al usar el acrónimo FAST.

Justa

Aprenda a ser justo, no solo con los demás, sino también con usted mismo. Merece la compasión que extiende hacia los demás.

Pedir disculpas

Nunca se disculpe por hacer una solicitud o compartir sus opiniones. Tiene derecho a no estar de acuerdo y no permita que nadie le haga sentir culpable por ello. Discúlpese cuando cometa un error, pero no innecesariamente.

Cíñase a sus creencias

Solo porque quiere algo, no comprometa sus valores o creencias. Sus valores y creencias lo definen a usted y a su forma de pensar. Defienda siempre lo que cree, especialmente cuando sabe que tiene razón.

La verdad importa

Evite cualquier forma de manipulación como exagerar, mentir o actuar como una víctima/mártir. Sea siempre sincero y evite la deshonestidad a toda costa.

Al usar esta técnica, le servirá como un recordatorio rápido para asegurarse de mantenerse en el camino correcto sin caer en pensamientos negativos innecesarios.

Capítulo seis: Estrés en el trabajo: 9 formas de utilizar DBT en el trabajo

El estrés en el trabajo se ha vuelto increíblemente común en estos días. Nuestras insostenibles ideas sobre el éxito han generado una cultura de agotamiento excesivo que daña nuestra capacidad para ser creativos, eficientes y productivos. Cumplir múltiples funciones se ha convertido en la norma para mucha gente. Sin embargo, todas estas cosas aumentan el estrés que sentimos. Diferentes factores externos e internos contribuyen al estrés. Es posible que sienta que superar un día laboral habitual se está volviendo increíblemente difícil. Si esto es así, no está solo. Si desea reducir el estrés que experimenta, es hora de cambiar su forma de pensar el trabajo. Al cambiar su perspectiva, puede reducir la cantidad de ansiedad y tensión que siente en el trabajo.

Si experimenta alguna dificultad para regular sus emociones, especialmente en un lugar donde debe mostrar profesionalismo, puede ser perjudicial para su crecimiento. Las tensiones suelen ser altas en los lugares de trabajo. El estrés es bastante común y, en tales casos, puede resultar difícil controlar las emociones. Algunos de los conflictos comunes que puede enfrentar en el trabajo incluyen lidiar con la jerarquía, protocolos confusos y engorrosos, sentir que sus opiniones no importan, relaciones complicadas con compañeros de trabajo o superiores, etc. La lista de conflictos con los que probablemente pueda encontrarse en el lugar de trabajo es interminable. Si no los trata de manera efectiva y eficiente, afectará su salud mental y general. Lidiar con el estrés laboral es una habilidad que cualquiera puede alcanzar.

Siempre que ocurre algo, nuestra interpretación de los hechos o el curso de los acontecimientos está guiada por nuestras emociones. Lo que sentimos no suele ser el resultado de los hechos que conocemos, pero es lo que pensamos. Todas las interpretaciones que hacemos sobre diferentes eventos en nuestras vidas determinan cómo nos sentimos en general. DBT le permite alejarse un paso de la situación y analizar cuidadosamente la tarea en cuestión para tomar decisiones racionales y eficientes. Para hacerlo, debe aprender a regular sus emociones, y el lugar de trabajo no es una excepción. Una de las áreas principales en las que DBT se concentra es la atención plena. A menos que sea consciente de sí mismo y de su entorno, no podrá regular sus emociones. DBT también le enseña la aceptación y cómo regular sus emociones.

Si está cansado de permitir que el estrés en el trabajo lo supere, o si desea mejorar su capacidad para manejar el estrés, aquí hay algunas técnicas de DBT que puede usar:

Técnica 1: Un espacio sagrado

Tómese un descanso cada vez que sienta que su concentración falla y que su mente está invadida por pensamientos de preocupación y estrés. Aléjese de su escritorio durante un par de minutos y permítase centrar su atención. Tomarse un descanso rápido y alejarse de una situación que le provoca estrés le da la oportunidad de corregir sus patrones de pensamiento. Asegúrese de tomar un descanso después de trabajar durante una hora. Podría ser algo tan simple como levantarse de su escritorio y volver a llenar su botella de agua, hacer una taza de café o incluso salir al aire libre durante diez minutos. Para calmarse, concéntrese en su respiración. Todo lo que necesita son cinco minutos para resetear su mente y dejar ir el estrés que siente. Concéntrese solo en su respiración y visualice imágenes positivas o escuche música alegre.

Técnica 2: Comenzar a priorizar

A medida que las exigencias sigan aumentando y las tareas diarias comiencen a acumularse, sus niveles de estrés aumentarán. La forma más fácil de abordar el estrés es priorizar todas las tareas que debe completar. Organice las tareas en orden de importancia. Concéntrese en las tareas que son extremadamente importantes y deje el resto para más tarde. Una vez que elimine todas las tareas sin importancia, también se reducirá su estrés. Por lo general, mientras trabajamos, cedemos a la ilusión de que podemos completar todas las cosas que tenemos que hacer en el plazo establecido. Está bien creer en sus habilidades para hacer las cosas, pero nunca está bien sobreestimar su productividad. Si no tiene cuidado, terminará en una situación en la que habrá mordido más de lo que puede masticar. Al intentar realizar la mayor cantidad de trabajo posible, para cumplir con los plazos, sus niveles de estrés aumentarán.

El primer paso es reevaluar cuidadosamente todas las tareas que debe completar y su productividad. Haga una lista de entre diez y quince cosas que desea lograr en un día y califíquelas según su importancia. En la lista que ha creado, no todas las tareas son iguales y algunas serán más cruciales que otras. Terminará con una lista que incluye de cuatro a cinco cosas importantes y de cuatro a cinco cosas innecesarias. Una vez que la lista tenga orden, es hora de eliminar todas las tareas innecesarias. Acepte el hecho de que no puede completar todo y haga las paces con ello. No intente ser perfeccionista si no quiere lidiar con las consecuencias del agotamiento. Concéntrese solo en las tareas importantes y será más fácil abordarlas.

Técnica 3: Controle su estado de ánimo

Aquí hay una técnica simple que puede utilizar para reconocer y cambiar cualquiera de sus patrones de pensamiento negativos. Tómese un descanso de dos minutos, tome un lápiz y papel y divida el papel en tres columnas. En la primera columna, tome nota de cualquier evento estresante, anote sus sentimientos en la segunda columna y califíquelos en una escala del 1 al 100 en la tercera columna. Por ejemplo, si el evento estresante es que está preocupado por una reunión específica, anótelo. En la segunda columna, escriba cualquier sentimiento que experimente con una sola palabra, como ansioso, desprevenido, abrumado o asustado. En la tercera columna, califique este evento con 100 como extremadamente abrumado. Mientras califica el evento, revise todos los pensamientos que pasan por su mente. Una vez que empiece a tomar nota de todo lo que siente, será más fácil controlar y reevaluar su estado de ánimo. Una vez que haya completado este ejercicio, doble el papel y olvídese de él por un día. Al día siguiente, puede reevaluar lo que escribió y se dará cuenta de que sus preocupaciones generalmente no tienen justificación.

Cuando practique esta técnica durante un período, se dará cuenta de ciertos patrones de pensamiento negativos. Una vez que los identifique, será más fácil lidiar con ellos

Técnica 4: La probabilidad funciona

Habrá varios casos en el trabajo en los que sienta que no está haciendo lo suficiente o que no podrá completar ciertas tareas que se le asignaron. Puede terminar sintiéndose sofocado por preocuparse por todas las cosas que pueden salir mal. Pensamientos como, «Este proyecto no se concluirá a tiempo. Mi jefe me odiará. Probablemente me despidan. No tendré trabajo» pueden frenar efectivamente su productividad. Este tipo de pensamiento se conoce como catastrofismo. La mayoría de nosotros caemos en una pequeña catástrofe en un momento u otro. Cuando comienza a gastar toda su energía mental concentrándose en un posible fracaso o daño, aumenta el estrés que experimenta.

Cuando ve el mundo en blanco y negro y asume una mentalidad de éxito o fracaso, sus niveles de ansiedad aumentan. Tenga en cuenta que las cosas no siempre salen como queremos, pero no significa que sea el fin del mundo si no es así. Evite todos estos pensamientos destructivos utilizando la probabilidad. Siempre que note que sus pensamientos se salen de control y se siente estresado, tómese un momento para pensar en la situación actual. Por lo general, las cosas rara vez son tan malas como las imaginamos. Por ejemplo, si le preocupa que un proyecto fracase, tómese un momento y piense en los posibles resultados. Si la probabilidad es de uno sobre diez, o incluso cuatro de diez, perder el tiempo pensando en el peor de los casos no es productivo. Si las posibilidades de que ocurra el peor de los casos son bastante bajas, ¿por qué preocuparse por eso? Cuando replantea su perspectiva sobre una situación, tiene la oportunidad de tomar una decisión consciente. Puede preocuparse por la situación todo el tiempo que quiera, pero no obtendrá nada bueno. En lugar de eso, vuelva a la tarea que tiene entre manos y trate de hacer lo mejor que pueda. El hecho de que no haya tenido éxito en algo no significa que haya fallado. Simplemente significa que existe un margen de mejora.

Técnica 5: Evite múltiples tareas

No se haga la ilusión de que la multitarea significa que puede hacer más cosas y que mejorará su productividad. De hecho, es contraproducente. Cuando realiza múltiples tareas, simplemente aumenta el estrés que siente. Siempre que se sienta un poco abrumado, concéntrese solo en una cosa. Si su mente comienza a pensar en otras tareas, simplemente vuelva a centrarse y vuelva a la tarea en cuestión. Cuando completa una tarea tras otra, puede lograr más en un día y reduce el estrés.

Técnica 6: Ignore las distracciones

Mientras trabaja, elimine todas las distracciones. Coloque su teléfono en silencio; evite hablar con sus compañeros de trabajo; y cierre sesión en sus redes sociales. Si lo desea, también puede configurar un temporizador de 45 minutos o una hora. Cuando se desconecta de todas las distracciones, su productividad aumenta y su mente no piensa en cosas innecesarias. Si continúa practicando esta técnica, notará que su productividad general aumenta, mientras que su estrés disminuye.

Técnica 7: Concéntrese en sí mismo

Tómese un descanso y concéntrese solo en sí mismo durante tres minutos. Cierre los ojos, conéctese con su cuerpo y comprenda lo que está sintiendo. Reconozca sus pensamientos y no se detenga en ellos. Permítales pasar libremente por su mente sin ningún juicio. Controle sus sentidos y suelte cualquier tensión presente en su cuerpo.

Técnica 8: Gratitud

Expresar su gratitud por todas las cosas buenas que tiene en la vida tendrá un efecto positivo en su salud, creatividad y relaciones laborales. En lugar de preocuparse por todas las cosas que pueden salir mal, concéntrese en lo bueno que tiene en la vida. Tómese un par de minutos para pensar en todas las personas que le han apoyado y ayudado a lo largo de su vida. Agradezca el apoyo y agradezca al universo por todo lo que se le ha dado. Cuando se concentra en las cosas buenas de su vida, su mente no se detiene en la negatividad. En lugar de preocuparse por todos los plazos de proyectos que se vencen, piense en todo lo que ha logrado y al instante su ánimo se levantará. En caso de duda, recuerde todos sus logros y se sentirá mejor.

Técnica 9: Descanso para hacer ejercicio

Programe una pausa para hacer ejercicio. Puede practicar posturas de yoga sencillas en su escritorio de trabajo o dar una caminata rápida. Siempre que vaya al baño o vaya a tomar un café, aproveche esta oportunidad para estirar los brazos y relajar los músculos. Doble la cabeza y el cuello, estire los brazos sobre la cabeza y estire las piernas. Permita que la sangre fluya libremente por su cuerpo y se sentirá con energía.

Capítulo siete: Trastorno límite de la personalidad: Controlar impulsos y cambios de humor con DBT

La forma en que siente y piensa sobre sí mismo y los demás se ve influenciada negativamente cuando tiene un trastorno límite de la personalidad (TLP). A menudo causa problemas y le impide funcionar con eficacia en la vida diaria. También puede causar problemas con la imagen de uno mismo, resulta en relaciones inestables y dificulta el manejo de sus emociones o comportamientos. El trastorno límite de la personalidad trae consigo un miedo excesivo al abandono o la inestabilidad, y es posible que experimente dificultades para estar solo. La impulsividad, las expresiones inapropiadas de ira y los cambios de humor constantes pueden alejar a los demás, incluso si desea establecer relaciones duraderas y saludables.

Por lo general, el trastorno límite de la personalidad se presenta en las primeras etapas de la edad adulta y puede mejorar con la edad. No tiene que sentirse desanimado si tiene TLP, y DBT es una forma eficaz de manejar este trastorno de salud mental. Estos son algunos de los signos y síntomas del TLP:

- Miedo severo al abandono, que podría empujarlo a tomar medidas extremas para evitar cualquier rechazo o separación imaginaria o real de los demás.
- Ataques de paranoia y disociación de la realidad inducidos por el estrés que pueden durar un par de minutos o incluso horas.
- Cambios frecuentes en la imagen y la identidad de uno mismo que desencadenan cambios en sus valores y metas.
- Un patrón constante de relaciones inestables e intensas en el que puede idealizar a alguien en un instante y luego creer de repente que dicha persona es cruel o que no merece su amor.
- Participar en conductas de riesgo o impulsivas como conducir de forma imprudente, atracones, abuso de drogas, alcoholismo o conductas de autosabotaje.
- Cambios de humor intensos y frecuentes que pueden durar desde un par de horas hasta días enteros. Puede experimentar intensos sentimientos de irritabilidad, ansiedad o incluso felicidad.
- Un implacable sentimiento de impotencia y vacío que no desaparece.
- Darse el gusto de tener pensamientos suicidas o intentar autolesionarse, generalmente en respuesta al miedo al abandono o al rechazo.
- Ataques intensos e inapropiados de ira, perder la paciencia con frecuencia y rapidez, o incluso participar en peleas físicas.

Nota: si nota que tiene fantasías de autolesión o tiene pensamientos suicidas, busque ayuda médica de inmediato.

DBT se usa comúnmente para tratar el trastorno límite de la personalidad. Es el primer tipo de psicoterapia que ha demostrado ser eficaz para tratar el TLP en ensayos clínicos regulados. También se cree que es el estándar de oro de los tratamientos para el TLP. Se ha demostrado que la DBT es eficaz para reducir el abuso de sustancias, aliviar los pensamientos suicidas, los comportamientos destructivos y reducir la necesidad de hospitalización psiquiátrica. La desregulación de las emociones es el problema central del trastorno límite de la personalidad. A menudo se debe a factores de riesgo biológicos y genéticos, junto con un entorno emocional inestable en la infancia o medios poco saludables para lidiar con el estrés crónico.

Aprender a regular sus impulsos y controlar los cambios de humor es esencial para lidiar con un trastorno límite de la personalidad. Aquí hay algunos consejos que le serán útiles.

Información sobre TLP

Empiece a recopilar tanta información sobre el TLP como le sea posible. Una vez que comprenda qué es este trastorno y cómo puede afectarlo, será más fácil tratarlo. A menos que comprenda con qué está lidiando, no puede controlar esta afección. Además, comience a hablar sobre el TLP con sus seres queridos. Tener un sistema de apoyo sólido en casa aumenta su capacidad para hacer frente y controlar el TLP. Trate de entender que TLP, como todo lo demás, tiene un espectro. Al hacerlo no asuma lo peor. Siempre difiere entre una persona y otra. Los síntomas habituales asociados con este no son duraderos y esta afección se puede controlar de manera eficiente. No permita que el diagnóstico lo consuma. Incluso en el peor de los casos, comprenda que el TLP guía sus acciones. Una vez que reconozca todo esto, será más fácil lidiar con el TLP.

Piense cuidadosamente sus decisiones

Considere cuidadosamente todas las decisiones que tomó en el pasado, especialmente las asociadas con cualquier relación en su vida. En ocasiones, reaccionó con dureza o tomó decisiones apresuradas, lo que puede haberle costado un par de buenas relaciones. Una vez que comience a analizar su historial de relaciones, puede identificar cualquier patrón de pensamiento negativo que le haya llevado a reaccionar de manera irracional. Al identificar tales patrones, estará mejor equipado para lidiar con situaciones similares en el futuro. Además, nunca es demasiado tarde para hacer las paces. Si cree que tuvo la culpa, discúlpese inmediatamente. Disminuirá la culpa y se sentirá mejor consigo mismo.

No lo esconda

No es necesario que oculte su TLP o intente enmascararlo. No deje que nadie más le diga lo contrario. No tiene que encajar en el molde ni seguir ninguna norma social que no le conviene. Las personas tienen derecho a expresar sus opiniones y diferentes personas pensarán de manera diferente. No intente fingir que todo está bien cuando no se siente bien. Acepte el diagnóstico de TLP y comience a aprender de él. Una vez que lo acepte, seguirá el crecimiento individual. Todas las cosas que no tenían sentido finalmente encajarán. Finalmente podrá comprender sus acciones y darse cuenta de por qué su vida es como es. Comience a compartir información sobre el TLP con sus seres queridos y ayúdelos a comprender por lo que está pasando. Una vez que comprendan por lo que está pasando, estarán mejor equipados para lidiar con sus respuestas emocionales. Tenga en cuenta que su TLP no lo define y no es su culpa. No se culpe a sí mismo y no se entregue a ninguna forma de pensamiento negativo.

Lleve un diario

Una forma sencilla de desconectarse de cualquier emoción que sienta y aliviar su carga emocional es tomar nota de sus sentimientos. Lleve un «diario de emociones» o un diario en el que pueda verter su corazón. A veces, no podrá explicarse las cosas a sí mismo, ni siquiera a quienes le rodean. En tales situaciones, tome su diario y comience a escribir lo que siente. No se juzgue por las cosas que escribe. No intente analizarlas. En cambio, considérelo como una salida para sus emociones. Cuando mire lo que haya escrito, estará en una mejor posición para comprender sus sentimientos. Una vez que comprenda sus sentimientos, podrá reaccionar de manera apropiada. También da tiempo para la autorreflexión y el autoanálisis. Aparte de esto, escribir sus pensamientos y emociones es una excelente manera de emplear su mente. En lugar de preocuparse por ciertas cosas, escriba sobre ello y podrá encontrar las respuestas adecuadas.

Comprenda su estado de ánimo

La atención plena es esencial para DBT. Comprender su estado mental mejorará su capacidad para regular sus emociones y mantenerlas bajo control. Los tres estados de la mente en DBT son: mente razonable, mente emocional y mente sabia. Al tener una mente razonable, tiende a enfocar las cosas de manera lógica, planifica su comportamiento, presta atención a cualquier información disponible y reacciona de manera apropiada. Podría ser algo tan simple como medir los ingredientes antes de cocinar. La mente razonable le permite mantenerse lógico y racional.

La mente emocional, por otro lado, está controlada principalmente por sus emociones. El pensamiento lógico escapa por la ventana y los hechos se distorsionan fácilmente. Este estado mental a menudo resulta en comportamientos impulsivos y patrones de pensamiento negativos. Por ejemplo, hacer un viaje no planificado o discutir con alguien simplemente porque ambos no están de acuerdo en un tema específico. Al comprender su mente emocional, puede pensar rápidamente en formas en las que se está lastimando involuntariamente. Cuando su mente razonable y su mente emocional se unen, se conoce como la mente sabia. Se trata de un sentimiento de intuición o de la sensación de que algo está o no está bien. Quizás experimente la intuición de que algo no se siente bien o experimente algo que no se puede explicar usando su mente lógica.

Siempre que sienta la necesidad de reaccionar, considere cuidadosamente el estado mental en el que se encuentra, y podrá mejorar eficazmente su respuesta a las situaciones.

Analizar la información

Hay dos pasos simples que puede seguir al tratar con TLP, y se conocen como «verificar los hechos». Siempre que experimente ansiedad o angustia extrema, verifique los hechos antes de responder o reaccionar ante una situación. El primer paso es identificar la emoción que siente. El siguiente paso es ver si su emoción está justificada verificando todos los hechos o la información disponible sobre la emoción que siente. Si siente que sus respuestas no son oportunas o está reaccionando impulsivamente, dé un paso atrás y cálmese antes de reaccionar. Esta es una habilidad importante que le será útil en diferentes aspectos de la vida.

Diálogo interno positivo

Si desea aprender a manejar sus reacciones a diferentes circunstancias y a responder de manera saludable, entonces es el momento de desafiar cualquiera de sus hábitos o reacciones negativas mediante el diálogo interno positivo. Sin duda, tomará algo de tiempo y esfuerzo antes de que lo domine. Al concentrarse en el diálogo interno positivo, puede aliviar la ansiedad, mejorar su atención y mantenerse más concentrado. Recuerde amablemente que es digno de todas las cosas buenas y deseables de la vida. En lugar de pensar en todos los pensamientos negativos que tiene sobre usted o los que le rodean, concéntrese en los aspectos positivos. Todo en la vida es temporal y nada permanece. El cambio es la única constante en la vida. Por lo tanto, incluso los momentos más difíciles que experimente pasarán. Entonces, ¿cuál es el punto de perder su valioso tiempo y energía pensando en todas las experiencias desagradables cuando son solo temporales? Recuerde que el momento que experimenta ahora mismo no define su pasado ni su futuro. No se puede controlar el futuro y es impredecible. Preocuparse por eso simplemente aumentará el estrés que siente. En lugar de pensar en el pasado, concéntrese en lo que puede hacer para mejorar la situación, la próxima vez que la enfrente. Tendrá un mejor control sobre sus comportamientos y acciones, en lugar de sentirse víctima de la vida.

Empiece a replantear todos sus pensamientos negativos utilizando un diálogo interno positivo. Por ejemplo, si una presentación no salió bien, podría pensar: «Soy un fracaso y nunca puedo hacer nada bien». En lugar de reflexionar sobre cosas tan negativas, puede pensar: «La presentación no salió tan bien como esperaba. Puedo hablar con mis colegas e identificar las áreas en las que necesito mejorar». Al tomar conciencia de su diálogo interno negativo y reemplazarlo con oraciones positivas, puede regular sus emociones.

Revísese usted mismo

Cuidar su salud es su responsabilidad. Nadie más puede hacerlo por usted y, a menos que se cuide, no podrá lidiar con el TLP. La ira y la desesperación suelen ser las reacciones naturales ante cualquier circunstancia o situación en la que tiene TLP. Por ejemplo, si su amigo hizo algo que le molestó, su instinto inicial podría ser hacer una rabieta o incluso amenazar a la otra persona. En lugar de hacer esto, tómese un momento y revísese consigo mismo. Una vez que lo haga, podrá comunicar efectivamente lo que siente a la otra persona de una manera no amenazante. Al seguir la práctica simple de la atención plena, puede evitar que las relaciones se vuelvan amargas. Además, estará mejor equipado con sus emociones y patrones de pensamiento.

Por ejemplo, si su pareja llegó tarde a su cita, su respuesta inmediata podría ser enojarse. Su respuesta habitual podría ser gritarle y preguntarle por qué es tan desconsiderado o irrespetuoso con usted. Antes de hacer esto, tómese un momento y revísese.

Identifique sus emociones primarias y secundarias. Por ejemplo, probablemente esté enojado o molesto porque le preocupa que a su pareja no le importe o por cualquier problema de abandono que tenga. Una vez que haya identificado las emociones, puede preguntarle por qué llegó tarde. Sin duda, es una mejor forma de afrontar la situación.

Capítulo ocho: Mejorar habilidades DBT para la tolerancia a la angustia

Habrá ocasiones en su vida en los que se sentirá extremadamente angustiado. Quizás sea imposible o extremadamente difícil cambiar el escenario al que se enfrenta. En tales casos, ¿qué puede hacer? Bueno, aquí es donde entra en juego DBT. DBT enseña ciertas habilidades de tolerancia a la angustia que le permiten enfrentar y sobrevivir a una crisis. Le ayuda a tolerar el dolor tanto a corto como a largo plazo, ya sea emocional o físico. En esta sección veremos algunos consejos simples que puede seguir para mejorar sus habilidades de tolerancia a la angustia DBT.

Técnica ACCEPT (ACEPTAR)

ACCEPT es una técnica DBT que incluye un grupo de habilidades; puede usarla para tolerar cualquier emoción negativa hasta que pueda resolver la situación. ACCEPT significa: actividades, contribución, comparación, emociones, rechazo y pensamientos (activities, contributing, comparison, emotions, pushing away, and thoughts). Siempre que se sienta angustiado, comience por distraer su mente y realice diferentes actividades.

Trate de mantenerse ocupado para no preocuparse por las emociones negativas. Puede lavar los platos, salir a caminar, leer un libro, trabajar o incluso participar en cualquiera de sus pasatiempos. En lugar de perder el tiempo pensando en una tarea improductiva, concéntrese en algo productivo.

Trate de hacer algo por los demás en lugar de sentirse abrumado por sus propias emociones. Siempre que contribuya al bienestar de otra persona, podrá dejar de pensar en el problema que tiene entre manos. Tal vez pueda hornear galletas para un ser querido, ayudar a un vecino con ciertas tareas o incluso cocinar la cena. Es fácil perder la perspectiva al pasar por momentos difíciles. ¿Hubo algún caso en su pasado en el que pensó que no podría superar algo, pero lo hizo? Recuerde esos casos y dígase a sí mismo que también puede superar la situación actual. Ciertamente esto pone las cosas en perspectiva y le da la motivación interna para permanecer fuerte.

Siempre puede regular sus emociones independientemente de la situación. Si se siente angustiado, tiene el poder de experimentar la emoción opuesta. Siempre que se sienta ansioso, comience a meditar durante unos diez a quince minutos. Si se siente deprimido, hable con uno de sus seres queridos. Si se siente triste, concéntrese en un pasatiempo que disfrute.

Siempre que sienta que no puede lidiar con algo, elimínelo temporalmente de su mente. Aleje ese pensamiento temporalmente distrayéndose con otras actividades, atención plena u otros pensamientos. Puede darse un descanso y luego volver al tema una vez más cuando se sienta mejor. Reemplace todos los pensamientos negativos con actividades que mantengan su mente emocionada y distraída. Tal vez pueda intentar decir el alfabeto al revés, contar al revés o resolver cualquier acertijo. Esto le permite evitar cualquier patrón de pensamiento o comportamiento autodestructivo mientras regula sus emociones.

Aceptación radical

Seguramente habrá momentos en su vida en los que se quede atrapado en situaciones indeseables sin poder lograr algún cambio. Puede que lo odie o desapruebe con vehemencia, lo que solo aumenta la angustia que siente. Si simplemente lo acepta por lo que es, puede reducir la angustia que siente y estar en paz consigo mismo. Una vez que deje de pensar en el problema o la circunstancia, podrá seguir adelante fácilmente.

La aceptación radical es una habilidad simple que propone que todos tendemos a tener opciones y, a veces, la única opción es decidir si se desea aceptar la realidad de una situación o no. Tiene la opción de enojarse por el problema y sentirse miserable por ello. O puede decidir aceptarlo y seguir adelante. Por ejemplo, supongamos que tiene una caries, pero le aterroriza ir al dentista. Puede intentar ignorarlo, evitarlo e incluso negar su existencia. Le gustaba el dentista anterior y tenía una buena relación con él, pero se retiró. El nuevo dentista no parece comprensivo y no le agrada. En un intento por evitar ir al dentista, comienza a eliminar sus alimentos favoritos que irritan la caries, como todas las golosinas azucaradas. Funciona bien, ya que ahora come menos alimentos no saludables. Sin embargo, de vez en cuando, la cavidad se inflama y provoca un dolor insoportable.

Si practica la aceptación radical, obtendrá la fuerza necesaria para aceptar que tiene miedo de ir al dentista y que probablemente será una experiencia desagradable. Sin embargo, también tendrá el valor de aceptar el hecho de que debe tapar la cavidad. Con la aceptación radical, acepta lo peor y supera la experiencia para seguir adelante. Aprender habilidades de tolerancia a la angustia ciertamente no es fácil, pero es deseable.

Técnica TIPP

Tal vez haya llegado a un punto de quiebre emocional. Podría ser un momento en el que el dicho, «La última gota que derramó el vaso», comience a tener sentido. En tales casos, TIPP es la habilidad DBT que resulta útil. TIPP es un acrónimo que significa: temperatura corporal, ejercicio intensivo, respiración rítimica y relajación muscular progresiva (the temperature of your body, intensive exercise, pace your breathing, and progressive muscle relaxation).

Las emociones tienden a manifestarse físicamente. Por ejemplo, cuando se sienta molesto, su cuerpo puede sentirse un poco caliente. Para contrarrestar esto, lávese la cara con un poco de agua fría, encienda el aire acondicionado y siéntese cerca de él, o también puede sostener un cubo de hielo. Al cambiar la temperatura de su cuerpo, lo ayuda a enfriarse, física y mentalmente. Si está experimentando emociones intensas, intente realizar o participar en cualquier ejercicio intensivo que coincida con la emoción que siente. No es necesario ser un corredor de maratones. Puede empezar a correr o trotar un par de veces, o tal vez nadar hasta que se canse. El ejercicio intensivo aumenta el flujo de oxígeno en su cuerpo mientras contrarresta los niveles de estrés.

El dolor emocional se puede reducir concentrándose en la respiración. Existen diferentes tipos de ejercicios de respiración que puede seguir para hacerlo. El más simple se conoce como «respiración de caja». Para hacer este ejercicio, busque un lugar tranquilo y comience. Inhale profunda y lentamente por la nariz y sostenga el aire contando hasta cuatro. Ahora, exhale lentamente por la nariz a la cuenta de cuatro. Aguante la respiración a la cuenta de cuatro y comience de nuevo. Al concentrarse en un patrón constante de respiración, se reduce el estrés que siente.

La relajación muscular progresiva es bastante intrigante. Empiece por tensar deliberadamente un músculo durante unos cinco segundos, luego relájelo y déjelo descansar. Pase a otro músculo y haga lo mismo. Una vez hecho esto, sus músculos se sentirán más relajados que antes. Cuando sus músculos están relajados, su requerimiento de oxígeno se reduce; ralentiza la respiración y el ritmo cardíaco. Eso, a su vez, le calmará. Concéntrese en cualquier grupo de músculos que se sientan tensos como los de sus brazos u hombros. Relaje conscientemente los músculos y en poco tiempo empezará a sentirte mejor.

Lista de pros y contras

Siempre que se sienta angustiado por una situación, se volverá extremadamente difícil tomar decisiones sensatas. DBT sugiere que puede crear una lista de pros y contras para sopesar las consecuencias de cualquier decisión que tome. Es bastante común participar en comportamientos de autolesión o autodestructivos mientras se enfrenta a una crisis emocional. Antes de actuar ante un impulso, escriba una lista de pros y contras sobre si debe seguir adelante o no. Una vez que empiece a escribir las cosas, obtendrá más claridad y podrá decidir racionalmente en lugar de permitir que su comportamiento sea guiado por impulsos indeseables.

Habilidad IMPROVE

Habrá momentos en los que no podrá controlar un evento desagradable, sin importar si es grande o pequeño. En tales casos, necesita tolerancia a la angustia para salir adelante sin caer en comportamientos poco saludables. Ninguna emoción es permanente y lo mismo se aplica a las emociones intensas. IMPROVE es una técnica DBT que significa: imaginación, significado, oración, relajación, una cosa a la vez, vacaciones y ánimo (imagining, meaning, praying, relaxation, one thing at a time, vacation, and encouragement).

Empiece por imaginar cómo se sentiría si afrontara con éxito una situación desagradable. Trate de aferrarse al sentimiento del logro y podrá superar el malestar. El siguiente paso es comprender el significado de una situación dolorosa. ¿Cuál es la lección por aprender de las molestias con las que tiene que lidiar? Quizás le está enseñando a ser más empático, a construir nuevas relaciones o se trata de curarse a sí mismo.

Independientemente de si se es una persona religiosa o no, el poder de la oración nunca puede subestimarse. No necesariamente tiene que rezarle a Dios o a una deidad, pero puede creer en un poder superior o en el universo. Simplemente entregue su problema y pida al universo que le otorgue el poder para tolerar la situación. El siguiente aspecto de esta técnica es la relajación. Su cuerpo entra en modo de luchar o huir cada vez que experimenta estrés. Participar en cualquier forma de actividad relajante ayuda a aliviar la angustia que experimenta. Las diferentes actividades que puede incluir son caminar, ejercicios de respiración, tomar un baño tibio o incluso yoga.

Realizar «una cosa a la vez» es el siguiente paso. La atención plena consiste en permanecer en el momento mientras deja ir cualquier pensamiento sobre el pasado o el futuro. Si sigue agregando viejos problemas, la angustia que siente solo empeorará. En lugar de esto, concéntrese solo en una tarea por el momento. Encuentre una cosa a la que pueda dirigir toda su atención y hágala de inmediato. Luego, puede tomar un descanso eficaz de los factores estresantes durante las vacaciones. Si puede permitírselo, tómese un descanso y váyase de vacaciones. Si esto no es posible, visualice lo maravilloso que se sentiría si estuviera de vacaciones. Mantenga esta visualización positiva y podrá mejorar cualquier sentimiento que experimente.

Para el paso final, no es necesario que espere el estímulo de fuentes externas, puede venir desde adentro. El uso de afirmaciones positivas o cualquier frase significativa puede darle la motivación para seguir adelante y superar los momentos difíciles de la vida. En lugar de tener pensamientos negativos, reemplácelos con una afirmación positiva. No piense, «No puedo hacer esto, soy un fracaso», en cambio, puede pensar, «sucede esto, puedo superarlo».

Aprenda a calmarse a sí mismo

Puede aumentar eficazmente su tolerancia a la angustia en una situación de crisis, sintonizando los sentidos de su cuerpo. Auto calmarse, a través de sus diferentes sentidos, ayuda a reducir la intensidad de cualquier emoción negativa que experimente. Concéntrese en su sentido del oído, la vista, el tacto, el gusto, el olfato e incluso agregue algo de movimiento.

Siempre que se sienta perturbado, abrumado o angustiado, concéntrese en sus sentidos primarios. Puede escuchar los sonidos de la naturaleza como el repiqueteo de las gotas de lluvia, el canto de los pájaros o incluso sintonizarse con el sonido del tráfico. Puede escuchar su canción favorita o música relajante. Otra cosa que puede hacer es cambiar conscientemente el enfoque de su visión. Cuente la cantidad de colores que ve en una habitación específica o concéntrese en la textura de un objeto. Incluso puede mirar algunas de sus fotos favoritas en su teléfono. Disfrutar de una pequeña golosina es ciertamente placentero y le ayuda a superar una situación difícil. No es lo mismo que comer compulsivamente o darse un atracón. Asegúrese de que sea solo una pequeña golosina y no una comida completa. Concéntrese en los aromas que nota en el aire.

Intente identificar algunos olores, o tal vez pueda descomponer un olor en diferentes partes. También puede colocar un par de gotas de su aceite esencial favorito en su mano o en una bola de algodón para calmarse. Sintonice su sentido del tacto y observe cómo se siente cuando juega con un juguete para manipular, cuando pasa los dedos por el escritorio o se concentra en cualquier cosa que tenga en la mano en ese momento. Hacer estas cosas distraerá efectivamente su mente de la angustia, mientras se concenta en otra cosa. Es una táctica de distracción que funciona de manera brillante.

Técnicamente, solo hay cinco sentidos, pero en DBT, incluso el movimiento se considera un sentido. Puede alterar su estado emocional con movimiento físico. Podría ser algo tan simple como bailar su canción favorita, caminar o cualquier cosa que lo ponga en movimiento.

Mientras se calma a sí mismo usando sus sentidos, asegúrese de concentrarse solo en un sentido a la vez, y esto le enseñará a ser más consciente.

Capítulo nueve: Herramientas de atención plena para el miedo, las inseguridades y las fobias

Lidiar con el miedo

El miedo y la ansiedad pueden impedirle avanzar en la vida. Cuanto más tiempo los evite, más difícil será lidiar con ellos. Una vez que tome conciencia de los diferentes problemas de su vida que provocan miedo o ansiedad, tendrá la oportunidad de luchar para superarlos. En esta sección veremos algunos consejos específicos que puede utilizar para superar cualquiera de sus miedos.

Actitud del principiante

Por lo general, permitimos que nuestro pasado nos impida ver las cosas como son. Nuestras experiencias pasadas nos impiden observar situaciones de manera racional. En lugar de esto, permítase ver las cosas desde la perspectiva de un principiante. Cuando empieza a pensar como lo hace un principiante, puede ver las cosas como son porque no existe otra realidad. A veces, las experiencias tienden a provocar ansiedad o miedo. Por ejemplo, si tuvo una serie de malas relaciones, es posible que sienta ansiedad al comenzar a salir nuevamente. En lugar de hacer esto, vea su próxima experiencia de citas como algo completamente nuevo. El hecho de que no haya tenido una buena experiencia de relación en el pasado no significa que sus experiencias futuras serán malas.

No juzgue

A menudo somos extremadamente críticos y la mayoría de nosotros ni siquiera nos damos cuenta. En cambio, esfuércese por no juzgar. Observe cada vez que su mente comience a afirmar que algo es bueno o malo. Note estos pensamientos, pero no reaccione. El miedo y la ansiedad a menudo tienen ciertos mensajes que desean transmitir desesperadamente. Cuando pueda calmarse y experimentar estos sentimientos sin ningún juicio, obtendrá una mejor comprensión de sí mismo. Por ejemplo, si reacciona fuertemente a un tema específico o una persona, pregúntese por qué lo hace. Si lo piensa con atención, tendrá la oportunidad de comprender las razones de su comportamiento.

Sea paciente

A menos que tenga paciencia, no podrá disfiutar de su presente. Reduzca la velocidad por un tiempo y sea paciente. Siempre que experimente ansiedad o miedo, observe su miedo y escúchelo con atención. No es algo de lo que deba alejarse. Pregúntese por qué tiene miedo. ¿Tiene miedo del éxito, el fracaso o el juicio? Sea un poco paciente e intente identificar la causa de los miedos. Aprenda a ser consciente y a vivir en el presente mientras se enfrenta a emociones difíciles.

Acéptese a sí mismo

Debe aceptarse de verdad e incondicionalmente. Acepte las cosas tal como son y acéptese a sí mismo incluso antes de cambiar. Ser honesto y real consigo mismo no es una conversación fácil, pero es muy importante. Puede pararse frente a un espejo y preguntarse qué lo detiene. Sea compasivo y tenga un diálogo interno positivo consigo mismo. Si no le gustan ciertos aspectos de usted, siempre puede trabajar para mejorarlos. No podrá hacerlo a menos que se acepte y abrace a sí mismo como *es.*

Confiar en sí mismo

La causa más común de ansiedad incluye temores al éxito, fracaso o los juicios creados por uno mismo. Pueden hacer que se sienta desesperado y desamparado. No tiene que sentir ninguna de estas cosas, tiene el poder de confiar en sí mismo. Puede creer que cometerá errores, pero puede sentirse orgulloso de intentarlo. Puede confiar en sí mismo y encontrar la paz sabiendo que estará bien, incluso si los demás no están de acuerdo con usted. Independientemente de lo que sea, siempre tiene el poder de creer en sí mismo.

Lidiar con las inseguridades

Las inseguridades y las dudas sobre uno mismo pueden ser agobiantes. Si sigue cuestionándose y siempre duda de sus habilidades o de las decisiones que toma, no podrá salir adelante en la vida. Sus inseguridades y dudas lo hacen increíblemente vulnerable, y le hacen temer esta vulnerabilidad al mismo tiempo. Estar abrumado debido a este tipo de pensamientos puede impedirle dar el primer paso hacia el logro de sus objetivos. Si pasa todo su tiempo preocupándose por todas las cosas que pueden salir mal, o sus defectos percibidos, no podrá disfrutar de la vida ni de ningún éxito que se le presente. En esta sección, veremos algunas formas sencillas en las que puede superar las inseguridades y las dudas.

Comprenda sus expectativas

Aquí hay una pregunta simple que debe hacerse: «¿Cuáles son mis expectativas, son realistas?». Si espera demasiado de su objetivo y lo espera demasiado pronto, se está preparando para la decepción. Si sus expectativas no son realistas, solo empeorarán las inseguridades que tenga. Todo el mundo quiere tener éxito, y cuando no obtiene el éxito que espera, la decepción ataca.

El peor escenario posible

Una pregunta que debe responderse es: «¿De qué tengo miedo? ¿Cuál es el peor resultado posible?». Una vez que responda a esta pregunta, sus temores se volverán obvios. Trate de ser lo más realista posible al determinar el peor escenario. Probablemente se dé cuenta de que el peor de los casos no es tan malo como sonaba en su cabeza. Todo se puede solucionar y, si se prepara para el peor escenario posible, puede afrontarlo de forma eficaz si se hace realidad. La preparación es clave para superar los obstáculos en la vida.

Los errores son lecciones invaluables

Cada error que comete no es un fracaso. En cambio, considérelo como una oportunidad para aprender y mejorar. Los errores son lecciones invaluables que la vida está tratando de enseñarle. Entonces, aprenda de sus errores, realice los cambios necesarios y siga adelante. En lugar de preocuparse demasiado por los errores cometidos, tome nota de todas las cosas que puede hacer mejor la próxima vez.

Sea compasivo

Aprenda a ser compasivo, no solo con los demás, sino también con usted mismo. La mayoría somos extremadamente críticos con nosotros mismos. Si cree que es demasiado duro consigo mismo, dese un respiro. Todos cometemos errores y usted no es la excepción. Si un ser querido acudiera a usted para pedirle consejo, ¿no sería compasivo? Ahora es el momento de mostrar la misma compasión hacia usted mismo. Merece un poco de compasión. Deje de ser extremadamente crítico consigo mismo todo el tiempo. La autorreflexión y la crítica constructiva son importantes, pero solo hasta cierto punto. Si deja esta autocrítica sin control, se convertirá en inseguridades paralizantes.

Apreciación

Incluso si las cosas no salen como planeó y no obtiene los resultados que desea, exprese su gratitud por todo lo que soportó. Ha recorrido un largo camino y no es un viaje que deba tomarse a la ligera. En lugar de concentrarse innecesariamente en los intentos fallidos, concéntrese en todo lo bueno que tiene en la vida. En lugar de preocuparse por las críticas que recibió de un par de personas, concéntrese en el aprecio que recibe de los demás. Agradezca todas las cosas buenas que tiene en la vida y se sentirá mejor consigo mismo.

Visualice su éxito

Una forma sencilla de afrontar las inseguridades y las dudas es visualizando el tipo de éxito que desea. Visualice que está seguro, fuerte, feliz; la verdadera representación de todas las cosas que siempre deseó. Visualice cómo se sentiría tener éxito. Haga que esta visualización sea lo más clara y detallada posible. Por ejemplo, si desea un ascenso en el trabajo, visualice cómo se sentiría si lo obtuviera. Independientemente de cuál sea su objetivo, visualice que lo ha logrado con éxito y le dará la motivación para seguir adelante.

Celebre siempre

No olvide celebrar. Celebre todas las tareas que ha realizado y completado con éxito. Podría ser salir a comer con sus seres queridos, irse de vacaciones o incluso asistir a una clase de su pasatiempo. Reconozca lo lejos que ha llegado en la vida. Usted recorrió un largo camino y mucha gente ni siquiera da esos primeros pasos, y bueno, mírese.

Lidiar con las fobias

Una fobia es un miedo irracional al grado en que la persona trata de evitar el objeto o la situación en particular que la asusta. El simple hecho de pensar en la situación u objeto temido puede hacer que una persona entre en pánico y se ponga ansiosa. Siempre que se tiene miedo de una situación específica, o un objeto, se conoce como fobia específica. Hay varios tipos de fobias específicas, incluido el miedo a los espacios pequeños, el miedo a las alturas, el miedo a los fenómenos naturales como las tormentas, el miedo a las aguas profundas, el miedo a los animales como las arañas, el miedo a cosas como la sangre, las agujas o casi cualquier otra cosa que se le ocurra. Cuando se trata de fobias, el individuo se da cuenta de que el miedo que experimenta es irracional o excesivo de alguna manera. Por ejemplo, es normal tener miedo a las serpientes, pero alguien con fobia a las serpientes evitará caminar en los parques porque siente ansiedad de encontrarse con serpientes, incluso si es poco probable. Una fobia también es un tipo de ansiedad o trastorno del estado de ánimo común.

Los síntomas físicos de la fobia incluyen dificultad para respirar, temblores o escalofríos, sensación de mareo, palpitaciones del corazón y sudoración excesiva. Aquí hay algunos consejos y técnicas simples que puede utilizar para superar cualquier fobia que tenga.

Exposición gradual

Una de las formas más efectivas de desensibilizarse de cualquier miedo que tenga es exponerse al miedo en lugar de evitarlo. Esta técnica se conoce como exposición gradual. En esta técnica, debe comenzar a exponerse a su fobia y detenerse cuando el miedo o la ansiedad se vuelvan insoportables. Cada vez que intente esta técnica, intente esforzarse un poco más y repítala hasta que ya no sienta el pánico asociado con su fobia. Esto le permitirá controlar su miedo en lugar de permitir que el miedo lo controle.

Grupos de apoyo

Hay muchos grupos de apoyo a los que puede unirse para conocer a otras personas con ideas afines. Hacer esto le permitirá comprender que no está solo y que hay otros como usted. Hablar con otras personas también puede ayudar a aliviar la ansiedad que siente. También podría proporcionar puntos de vista sobre los diferentes consejos que siguen otros para superar sus fobias, lo que puede resultar útil.

Recopilar información

La mayoría de las fobias se basan en miedos irracionales, y si recopila información sobre lo que le asusta, será más fácil comprender su fobia. Por ejemplo, si tiene miedo a volar, intente comprender cómo funcionan los aviones y todas las medidas de seguridad que tienen. Al recopilar información, se le presentarán hechos concretos que ayudarán a aliviar el miedo irracional que experimenta. Puede que no le ayude a superar la fobia por completo, pero una vez que la comprenda mejor, podrá reducir el miedo que experimenta.

Exposición directa

En esta técnica estará completamente expuesto a su fobia. Debe soportar el miedo hasta que la normalidad vuelva a su curso. Si repite este ejercicio varias veces y se enfrenta al miedo hasta que se dé cuenta de que la situación no es dañina, podrá encarar su fobia. Al final, se dará cuenta de que sus miedos pueden ser desagradables, pero no ponen en peligro su vida. Ayuda a tranquilizar su mente y a calmar sus miedos.

Escalera del miedo

La técnica de la escalera del miedo es bastante similar a la exposición gradual. En esta técnica, se comienza con una situación muy simple y poco a poco se va subiendo hasta que se encuentre cara a cara con su fobia. Por ejemplo, si le tiene miedo a las serpientes, puede comenzar mirando una foto de una serpiente, luego mirar una serpiente a través de una ventana y tal vez incluso pararse junto a ella en un entorno seguro (como un zoológico interactivo). Puede que esta no sea una técnica ideal para tratar todo tipo de fobias, pero es un método eficaz para tratar cualquier fobia asociada a objetos o cosas.

Todas las diferentes técnicas para superar las fobias discutidas en esta sección ayudarán a regir su miedo en lugar de permitir que su miedo lo rija a usted.

Capítulo diez: Técnicas de meditación de atención plena para mentes ansiosas

Cuando comienza a experimentar demasiado estrés, desencadena ansiedad. La ansiedad desencadena la respuesta de luchar o huir en su cuerpo, lo que le hace sentir siempre alerta. Cuando este sentimiento no desaparece y en cambio se convierte en ruido de fondo, es hora de buscar ayuda. Las tres formas sencillas de calmar su ansiedad son: técnicas de atención plena, concentrarse en la respiración y concentrarse en su cuerpo.

La atención plena le permite lidiar con los sentimientos difíciles sin reprimirlos, analizarlos en exceso o alentarlos. Cuando comienza a sentir y reconocer todas sus emociones sin ningún juicio, se vuelve más fácil lidiar con ellas. La atención plena le da la oportunidad de explorar las razones subyacentes del estrés o la ansiedad que siente. En lugar de desperdiciar su energía tratando de ignorar o combatir su ansiedad, la atención plena le permite comprender las razones detrás de ella. La atención plena también crea un espacio seguro a su alrededor para que los sentimientos no lo abrumen. Cuando pueda comprender las causas subyacentes de su estrés, podrá tomar acciones correctivas para prevenir tales situaciones en el futuro.

La meditación es una de las mejores técnicas que puede utilizar para calmar una mente ansiosa. La meditación también es la clave para la atención plena. Cuando comienza a ser consciente del momento en el que vive, tiene la oportunidad de explorar diferentes recursos internos que nunca supo que tenía. Además, este enfoque calma su mente de manera efectiva. Por lo general, tenemos una idea clara de todas las cosas que queremos o no queremos en nuestras vidas. Sin embargo, podemos sentirnos abrumados por las diferentes situaciones que enfrentamos y olvidarnos de esta conciencia básica que tenemos. La meditación le permite acceder a esta conciencia para mejorar.

Técnicas de meditación

En esta sección, veremos dos meditaciones simples que puede seguir para deshacerse de la ansiedad.

Meditación para aliviar la ansiedad

Si sigue este ejercicio con regularidad, se sentirá más relajado y estará en una mejor posición para lidiar con cualquier ansiedad que experimente. Este simple ejercicio de meditación le ayudará a liberar la tensión, aliviar el estrés y disfrutar de un estado de calma.

Empiece por encontrar un lugar tranquilo y cómodo. Tiene la opción de sentarse con las piernas cruzadas en el suelo o acostarse. Ahora, coloque los brazos a los lados y mantenga las piernas estiradas y rectas. Concéntrese en controlar su concentración; puede cerrar los ojos o fijarse en un solo punto u objeto. Mantenga los ojos cerrados, respire profundamente por la nariz y permita que el oxígeno llene sus pulmones. Exhale suavemente y permita que el aire salga lentamente de su cuerpo.

Inhale lenta y profundamente por la nariz. Exhale lentamente por la boca.

Inhale lentamente y exhale lentamente.

Inhale lentamente y exhale lentamente.

Siga haciéndolo y su cuerpo comenzará a sentirse más tranquilo y relajado. No tiene que realizar nada en este momento, y el único lugar donde debe permanecer es aquí mismo, en el momento. Se merece este tipo de tranquilidad y eso mejorará su productividad y concentración en general. No tiene nada de qué preocuparse y necesita este tiempo para relajarse.

Siga respirando lentamente y mantenga un ritmo constante de respiración. Mientras lo hace, cambie lentamente la atención a su cuerpo. ¿Cómo se siente su cuerpo? ¿Cómo se siente en diferentes partes de su cuerpo? ¿Nota alguna tensión o estrés en una zona específica? No tiene que intentar cambiar nada y todo lo que necesita es simplemente observar. No juzgue los sentimientos y dígase a sí mismo que sus sentimientos son válidos y están justificados. Observe cualquier signo de estrés o tensión y anótelo para poder volver a él más tarde.

Realice un escaneo mental de su cuerpo; comenzando desde la coronilla hasta la punta de los dedos de los pies. Equilibre cada área y observe cualquier tensión presente. Observe cómo se sienten las diferentes partes de su cuerpo. Comience lentamente con la coronilla, muévase hacia el área del cuello y los hombros, luego baje hasta el pecho, los brazos, la barriga, las caderas, las piernas y haga esto hasta llegar a la punta de los dedos de los pies. Ahora, regrese a sus observaciones anteriores e intente notar qué área parece más tensa. Comience a concentrarse en esa área y permita que sus músculos se relajen.

Cualquier tensión que note se debe a la contracción involuntaria de los músculos. Al relajarlos voluntariamente, está deseando que se liberen del estrés. Ahora, observe cómo se siente estar relajado. Imagine que esta cálida y maravillosa sensación de relajación recorre y se extiende por todo su cuerpo. A medida que sienta que su cuerpo se relaja físicamente, la ansiedad mental disminuirá.

Siempre que inhala, su cuerpo absorbe oxígeno y se relaja, y mientras exhala, libera la ansiedad y el dióxido de carbono. Visualice una pequeña bola formándose frente a su cuerpo cada vez que exhala. La pelota contiene toda la ansiedad y la tensión presentes en su cuerpo. Con cada respiración que exhala, esta bola comienza a agrandarse. Imagine las diferentes áreas de tensión y visualice que está expulsando la ansiedad presente en su interior.

Ahora es el momento de realizar un escaneo corporal para notar cómo se siente. ¿Se encuentra más ligero y un poco más tranquilo? Visualice que su cuerpo está hecho de una sustancia sólida que se puede derretir. En este momento, su cuerpo puede sentirse como si estuviera hecho de una sustancia sólida opaca y fuerte. Visualice que una sensación de calor comienza a extenderse lentamente desde sus manos y pies por todo su cuerpo. Esta energía cálida está derritiendo lentamente la sustancia sólida y haciendo que su cuerpo sea más fluido. A medida que su cuerpo comienza a ablandarse, empieza a sentirse más tranquilo y relajado. Disfrute de esta sensación de relajación y concéntrese en aferrarse a ella.

Es hora de concentrarse en sus pensamientos. Puede usar un mantra, afirmaciones positivas o incluso una frase para calmar su mente. Puede repetir la palabra «Relájate» una y otra vez para calmar su mente conscientemente. Incluso si hay varios pensamientos presentes en su mente, no se detenga en ellos ahora. Puede volver a ellos después de que termine la meditación. Por ahora, concéntrese solo en relajar completamente la mente. Al repetir «Relájate» una y otra vez, esta palabra se incrusta en su subconsciente y permanecerá con usted todo el día.

Inhale y diga la palabra «Relájate».

Exhale y diga la palabra «Relájate».

Siga haciendo esto hasta que finalmente se sienta tranquilo y sereno. Siempre que su mente comience a desviarse, concéntrese en esta palabra una vez más. La sensación de calma que está experimentando en este momento permanecerá con usted todo el día. Puede aprovechar su energía siempre que se sienta ansioso o estresado.

Una vez que esté listo, es hora de terminar la meditación. Para esto, vuelva a poner toda su atención en la respiración y concéntrese solo en la respiración. Hágalo durante uno o dos minutos, luego abra lentamente los ojos y vuelva a su rutina.

Meditación para un alivio instantáneo

Los síntomas más comunes de ansiedad incluyen tensión en los músculos, respiración rápida y superficial, pensamientos inquietantes y contracción involuntaria de los músculos del cuerpo. Al usar esta simple meditación siempre que se sienta ansioso, puede obtener una relajación rápida.

Empiece por encontrar un lugar tranquilo y cómodo Puede sentarse o acostarse según su conveniencia. Empiece a concentrarse en su respiración y respire profundamente. Respire lentamente por la nariz y exhale lentamente por la boca. Mantenga un ritmo constante y tranquilo y continúe respirando lenta y profundamente. Siguiendo esta sencilla técnica de respiración, puede calmar su mente y reponerse con suficiente oxígeno en todo su cuerpo. Mientras tanto, trate de ponerse lo más cómodo posible. De hecho, su comodidad debe ser su única prioridad en este momento. Si se siente ansioso, aquí hay algunas frases simples que puede usar para calmarse.

«Me siento ansioso, pero sé que estoy bien. Este sentimiento pasará y no tengo que preocuparme. Estoy en un lugar seguro y nadie puede hacerme daño. Sé que estoy a salvo, pero mi ansiedad me asusta. Sé que estaré bien en un tiempo. Esperaré a que la ansiedad disminuya y me concentraré en ponerme cómodo. Puedo controlar mis pensamientos y puedo relajar mi mente».

Puede decir esto en voz alta o repetirlo mentalmente hasta que se sienta tranquilo. Dirija toda su atención a las oraciones que pronuncia y no piense en nada más. Incluso si comienzan a aparecer pensamientos aleatorios en su mente, déjelos pasar. No los juzgue y ciertamente no intente cambiarlos. Concéntrese solo en lo que desea obtener con este ejercicio de meditación.

Siga tranquilizándose y calme su mente. Respire lenta y profundamente. Exhale lentamente. Continúe repitiendo estos mensajes hasta que su mente esté en calma, para que su cuerpo pueda escapar de cualquier peligro aparente al que responda. Dado que su mente no puede distinguir entre un peligro real o imaginario, esta reacción es provocada por cualquier forma de estrés. Su cuerpo también libera mucha adrenalina cuando está estresado y esto puede resultar en temblores. Para deshacerse de ellos, sacúdase.

Empiece por sacudir sus manos como si estuviera agitando el agua. Deje que sus manos se relajen y colóquelas a su lado. Después de sus manos, sacuda sus brazos. Luego sacuda los hombros, el cuello, la cabeza, las piernas y después todo el cuerpo. Básicamente, mueva su cuerpo para eliminar la ansiedad que siente. Haga esto durante un par de minutos y se sentirá mejor.

Ahora, coloque las manos a los costados y sienta el curso de relajación a través de su cuerpo. Siga respirando de manera uniforme y cuente hasta diez. Piense en todo tipo de ideas tranquilizadoras. Estos son los pasos que puede seguir mientras respira contando hasta diez:

Uno: estoy tranquilo.

Dos: estoy relajado.

Tres: estoy tranquilo.

Cuatro: estoy relajado.

Cinco: estoy tranquilo.

Seis: estoy relajado.

Siete: estoy tranquilo.

Ocho, estoy relajado.

Nueve: estoy tranquilo.

Diez: estoy relajado.

Ahora, concentre toda su atención en su cuerpo y busque las zonas donde los músculos se sientan tensos. Intente relajar sus músculos conscientemente siempre que note tal tensión. Empiece por dejar que su mandíbula se relaje para que sus dientes no se toquen. Después de esto, baje los hombros y muévalos suavemente. Si lo desea, puede incluso balancear los brazos y dejar que se relajen. Coloque los brazos sobre la cabeza y estírese lo más alto que pueda. Sienta el estiramiento de sus músculos y gire lentamente la cabeza hacia la izquierda y luego hacia la derecha. Mire hacia adelante y luego hacia abajo. Al hacer esto, está eliminando cualquier rastro de ansiedad que haya quedado en su cuerpo.

Continúe así hasta que se sienta relajado. Una vez que su mente se sienta tranquila, es hora de terminar la meditación. Concéntrese en su respiración durante uno o dos minutos y luego vuelva a su realidad.

Capítulo once: TOC - 11 formas conscientes de vencer a la mente obsesiva

¿Qué es el TOC?

El TOC o trastorno obsesivo compulsivo es un problema de salud mental en el que un individuo experimenta sensaciones y pensamientos no deseados repetidamente, o tiene una necesidad compulsiva de realizar una actividad específica una y otra vez. Algunas personas tienden a experimentar tanto obsesión como compulsión. Morderse las uñas repetidamente o tener pensamientos indeseables no es TOC. Un ejemplo de pensamiento obsesivo es creer que colores o números específicos son buenos o malos. Un ejemplo de un hábito compulsivo sería lavarse las manos cinco veces cuando toca algo que considera sucio. Es posible que desee dejar de hacer estas cosas o de tener estos pensamientos, pero se siente impotente para detenerlos. Todos tendemos a tener ciertos pensamientos o hábitos que repetimos a veces. Sin embargo, las personas con TOC se entregan a acciones o pensamientos que toman al menos una hora diaria, no son agradables para ellos, están absolutamente fuera de su control y afectan negativamente su vida social, trabajo o cualquier otro aspecto de la vida.

Tipos de TOC

Hay varias formas de TOC y generalmente se pueden clasificar en las siguientes cuatro categorías:

Contaminación

En este tipo de TOC, es posible que experimente una necesidad compulsiva de mantener las cosas limpias. Es casi como si le aterrorizaran las cosas que podrían estar sucias. La contaminación no se limita a las cosas físicas, sino que también puede ser mental: sentirse tratado como basura o suciedad.

Rumia

Una obsesión innegable por llevar una determinada línea de pensamiento. Estos pensamientos suelen ser intrusivos y, en ocasiones, pueden resultar perturbadores o violentos.

Comprobación

La necesidad constante de comprobar y volver a comprobar cosas como alarmas, cerraduras, puertas, hornos, interruptores, etc. También podría significar que no puede evitar pensar que podría tener una afección mental como la esquizofrenia o que está embarazada, por ejemplo.

Orden y simetría

Una obsesión por el orden o la simetría y la necesidad de disponer las cosas de determinada forma.

La mayoría de las personas con TOC suelen darse cuenta de que sus hábitos o pensamientos no tienen sentido. No se ven obligados a tener ciertos pensamientos o realizar ciertas acciones porque los encuentren placenteros, sino porque no pueden detenerse. Incluso si se detienen, se sienten tan mal por ello que retoman sus pensamientos y hábitos. A continuación, se muestran algunos ejemplos de pensamientos y comportamientos obsesivos:

• Cualquier preocupación por lastimarse o lastimar a otros.

• Conciencia continua de la respiración, el parpadeo o cualquier otra sensación corporal.

• Sospechar o dudar de los demás, incluso cuando no tenga motivos para creer en sus sospechas.

• La necesidad constante de contar cosas como monedas, botellas o pasos.

• Seguir un orden específico al realizar ciertas cosas, o llevarlas a cabo un par de veces porque cree que es bueno.

• Miedo extremo a usar baños públicos, tocar los picaportes de las puertas o dar la mano.

Factores de riesgo

Las causas del TOC no están del todo claras, pero se cree que el estrés a menudo empeora los síntomas. Los signos de TOC generalmente comienzan a aparecer en adolescentes o adultos jóvenes. Un par de factores de riesgo para el TOC incluyen tener un padre, un hijo o un hermano con TOC, experimentar un trauma, lidiar con abuso físico o sexual en la infancia, depresión o ansiedad, o cualquier diferencia física en áreas específicas del cerebro. Los terapeutas capacitados y los profesionales médicos pueden diagnosticar el TOC.

Maneras conscientes de superar el TOC

La atención plena es una forma eficaz de abordar la ansiedad, ya que pone gran énfasis en comprender y aceptar los pensamientos. Siempre que un pensamiento perturbador aparezca en su cabeza, permita que exista en su mente sin darle ningún significado. No trate de juzgar el pensamiento, no lo cambie y finalmente desaparecerá. La atención plena le enseña a dejar pasar los pensamientos, en lugar de dedicar su tiempo a pensar si deberían o no existir en primer lugar. Esta habilidad sin duda es útil cuando se trata de pensamientos intrusivos asociados con el TOC.

Técnica 1: No compararse

Nunca se compare con quienes lo rodean. Solo porque alguien parezca feliz o relajado, no es necesario estar a su altura. No se preocupe por los estándares y expectativas sociales. No se sienta culpable por las obsesiones o compulsiones que tenga. Comprenda que el TOC es un trastorno y usted no lo pidió. Aprender a gestionarlo es su responsabilidad.

Técnica 2: No estar solo

A veces, es posible que sienta la necesidad de aislarse o permitirse cualquier patrón de pensamiento negativo. A menudo, los pensamientos intrusivos provocados por el TOC se dirigen hacia la autolesión o cualquier comportamiento dañino. Si siente que se inclina hacia algo indeseable o tiene pensamientos preocupantes, no se quede solo. Salga y pase un tiempo con sus seres queridos o busque ayuda profesional. Practique las habilidades simples de atención plena que se discutieron en los capítulos anteriores para ser más consciente de sus pensamientos.

Técnica 3: Hora de las preocupaciones

Se vuelve difícil dejar de obsesionarse con ciertos patrones de pensamiento o exhibir comportamientos compulsivos cuando tiene TOC. En lugar de intentar ignorar o evitar tales patrones, puede reservar un intervalo de tiempo específico para pensar. Podría ser su momento de preocupación. Durante este período, permita que su mente corra libremente y permita que todos los diferentes pensamientos pasen por su mente. No cambie los pensamientos y no se juzgue por tenerlos.

Técnica 4: Escuchar música

Una técnica de distracción simple y maravillosamente útil es escuchar música. Siempre que sienta que su TOC se activa, tómese un tiempo y escuche algo de música que disfrute. Podría ser algo alegre o relajante. Escuche sus canciones favoritas y, si puede, intente cantarlas. Haga esto incluso si no es un buen cantante. Simplemente déjese llevar y deje que su mente se relaje.

Técnica 5: Actitud de todo o nada

Deje de lado la mentalidad de todo o nada al tratar con el TOC. Habrá ocasiones en las que resbale y vuelva a caer en sus viejos patrones de TOC. Si eso sucede, repítase a sí mismo que es solo un desliz y siga adelante. No comience a obsesionarse con eso, o podría terminar formando una nueva compulsión u obsesión. La atención plena no es fácil y requiere mucha práctica. Al realizar un trabajo a largo plazo, existe la posibilidad de que termine cometiendo errores. Al igual que con cualquier otra habilidad, a menos que continúe practicándola, no podrá dominar la atención plena. En este proceso, habrá un par de deslices. Por lo tanto, espere los deslices y no permita que dañen su moral.

Técnica 6: Esperar lo inesperado

Un pensamiento obsesivo o intrusivo no avisará antes de presentarse. Puede tener esos pensamientos en cualquier lugar y en cualquier momento. A veces, un pensamiento antiguo puede presentarse o se puede desarrollar uno nuevo. Independientemente de esto, no se deje tomar por sorpresa y siempre prepárese para lo inesperado. Siempre que se le ocurra un pensamiento obsesivo, utilice cualquiera de las técnicas anteriores para lidiar con él.

Técnica 7: No evite pensar

No pierda su tiempo y energía tratando de evitar sus pensamientos o de no pensar. Es imposible y los resultados que se obtienen a menudo son opuestos a los esperados. De hecho, cuanto más se diga a sí mismo que no debe pensar en algo, más fuerte será la necesidad de pensar en ello. Si desea detener ciertos pensamientos, simplemente debe permitir que pasen por su mente. Cuando no les da ninguna importancia o ningún significado, desaparecerán lentamente.

Técnica 8: Reconozca sus pensamientos

No intente detener ninguno de sus pensamientos. Este consejo es quizás más fácil de decir que de hacer. Tenga en cuenta que los pensamientos no son más que una colección de palabras al azar en su mente y no pueden ser peligrosos a menos que actúe en consecuencia. No tiene que tomarse sus pensamientos en serio, solo porque aparecieron en su mente. No tiene la obligación de actuar en consecuencia. No se juzgue a sí mismo basándose en sus pensamientos. Puede ser difícil, pero no aleje sus pensamientos; trate de reconocerlos. Cuando trata de alejarlos, volverán para perseguirle y es posible que aumente su obsesión por ellos. Para evitarlo, es mejor reconocer que existen, en lugar de resistirse. Permita que sus pensamientos vayan y vengan sin ningún juicio. No se enoje consigo mismo por tener estos pensamientos. Como se mencionó anteriormente, no son más que un conjunto aleatorio de palabras. Comprenda que sus pensamientos son reales y no lo hacen verse mal. A menos que actúe con base en ellos, los pensamientos no tienen poder.

Técnica 9: No toxicidad

Los síntomas del TOC empeoran con el estrés. Al controlar y limitar el estrés que experimenta, puede reducir la intensidad de los síntomas del TOC. Una excelente manera de dejar de lado el estrés innecesario en su vida es deshacerse de las personas tóxicas. Las personas que irradian negatividad le deprimirán mentalmente. En cambio, concéntrese en rodearse de sus simpatizantes y de todos aquellos que realmente quieran ayudarlo. Comience a priorizar todas las relaciones que tiene en la vida. Trate de reemplazar las malas por otras más deseables y positivas.

Técnica 10: La ansiedad no es igual siempre

La intensidad de la ansiedad que experimente será diferente. A veces, puede ser bastante intensa y, a veces, puede ser leve. La ansiedad es casi como el océano. Algunos días, las aguas están agitadas; otros días, el océano está quieto y se navega sin problemas hasta el final. Por lo tanto, prepárese para lidiar con sus síntomas. Habrá días buenos y malos. Es importante saborear lo bueno que se le presenta, pero prepárese también para los momentos amargos.

Técnica 11: Meditación de atención plena

La meditación de atención plena es una excelente manera de reunir sus pensamientos y calmar su mente. Le permite comenzar a ver sus pensamientos de manera objetiva sin ceder al impulso de juzgarlos o analizarlos en exceso. Usted empieza a ser más consciente de todos sus pensamientos. También le enseña a desapegarse de sus pensamientos y a verlos a distancia. La probabilidad de verse afectado por pensamientos perturbadores, incluidas las obsesiones asociadas con el TOC, se puede reducir siguiendo esta estrategia. Para comenzar con la meditación de atención plena, concéntrese en respirar profundamente un par de veces. Mientras respira, observe los diferentes pensamientos, miedos, sensaciones, preocupaciones o ansiedades que ocurren en su mente. Solo necesita notarlos y no tratar de alejarlos. Trate de observar lo que sucede cuando deja a los pensamientos en paz y permite que pasen libremente por su mente. Mientras lo hace, es posible que se sienta más ansioso en las etapas iniciales. Sucede porque finalmente se encuentra cara a cara con los diferentes pensamientos, problemas y ansiedades que le preocupan. Después de un tiempo, comienza a acostumbrarse a ellos y puede permitir que existan en su mente sin actuar sobre ellos.

Puede utilizar cualquiera de las diferentes técnicas de meditación de atención plena que se comentaron en los capítulos anteriores.

Capítulo doce: Cómo detener un ataque de pánico con atención plena

¿Qué es un ataque de pánico?

El inicio abrupto de una potente incomodidad o miedo que alcanza su punto máximo en unos pocos minutos. Un ataque de pánico incluye al menos cuatro de los síntomas que se describen a continuación:

- Malestar o dolor de pecho.
- Aumento de la frecuencia cardíaca, palpitaciones o latidos del corazón.
- Sudoración excesiva.
- Temblores.
- Aturdimiento, debilidad, mareo o incluso inestabilidad.
- Bochornos o escalofríos.
- Sensación de entumecimiento u hormigueo.
- Desrealización.
- Despersonalización.
- Malestar abdominal o náuseas.

- Sensación de asfixia.
- Dificultad para respirar.
- Miedo a volverse loco o perder el control absoluto.
- Miedo a la muerte.

Los síntomas físicos como palpitaciones del corazón o la formación de un hoyo en el estómago se asocian comúnmente con la ansiedad. Por lo tanto, puede sonar bastante similar a un ataque de pánico. Lo único que diferencia la ansiedad de un ataque de pánico es una mayor intensidad y duración de sus síntomas. Los ataques de pánico tardan unos diez minutos en intensificarse por completo y luego comienzan a remitir. Al tener en cuenta la intensidad de los síntomas asociados con este, se asemejan a los síntomas asociados con trastornos respiratorios, enfermedades cardiovasculares o cualquier otra enfermedad crónica. Por lo general, las personas con trastornos de pánico suelen buscar ayuda médica inmediata porque creen erróneamente que están sufriendo un problema que pone en peligro su vida.

Los ataques de pánico ocurren de la nada incluso cuando está tranquilo. Los ataques de pánico se asocian comúnmente con el trastorno de pánico, pero las personas con otros tipos de trastornos psicológicos también pueden experimentarlos. Por ejemplo, para alguien que tiene un trastorno de ansiedad social, podría tener un ataque de pánico antes de dar un discurso, o alguien con TOC podría tener un ataque de pánico cuando se le impida participar en cualquier ritual compulsivo.

Los ataques de pánico no solo son atemorizantes, sino también extremadamente angustiantes. Debido a esto, quienes experimentan ataques de pánico frecuentes se preocupan por el próximo ataque y tratan de cambiar su estilo de vida para evitarlos. Por ejemplo, pueden evitar ciertos lugares que provocan pánico o hacer más ejercicio para estabilizar su frecuencia cardíaca.

Consejos para hacer frente a los ataques de pánico

Reconocer los síntomas

Repase la lista de síntomas discutidos en la sección anterior. Dedique algún tiempo a la autorreflexión y piense en todas las veces en las que experimentó un ataque de pánico. ¿Cuáles fueron los diferentes síntomas que notó? Se identificará con al menos algunos de los síntomas discutidos en la lista mencionada anteriormente. Así que, la próxima vez que comience a experimentar alguno de estos síntomas, es una señal de que está a punto de tener un ataque de pánico. A veces, el simple hecho de reconocer que está teniendo un ataque de pánico reduce el estrés asociado con el incidente. Por ejemplo, cuando reconoce que está teniendo un ataque de pánico y no un ataque cardíaco, se vuelve más fácil asegurarse de que pasará y no tiene que preocuparse por ello. Al eliminar el miedo de que algo malo le esté sucediendo, puede calmar su mente. También le da la oportunidad de practicar las otras técnicas que se describen a continuación para reducir la intensidad del ataque de pánico.

Respiración profunda

La hiperventilación es uno de los síntomas más comunes de un ataque de pánico. Esto también puede aumentar el miedo asociado con experimentar tal ataque. Para contrarrestar estos sentimientos, emplee la respiración profunda. Una vez que tenga su respiración bajo control, la probabilidad de hiperventilación también se reducirá. Dado que la hiperventilación empeora los síntomas de un ataque de pánico, la respiración profunda es útil para ayudar a controlarlo.

Concéntrese en tomar respiraciones largas y profundas. Respire lentamente y exhale lentamente. Siempre inhale por la nariz y exhale por la boca. Observe cómo se siente cuando el aire comienza a llenar lentamente la cavidad torácica junto con el abdomen. Luego, permítase exhalar lentamente por la boca. Aquí hay un ejercicio simple de respiración que se intentar para reducir las posibilidades de hiperventilación.

Inhale mientras cuenta hasta cuatro: uno, dos, tres, cuatro.

Aguante la respiración por un segundo.

Exhale mientras cuenta hasta cuatro: uno, dos, tres, cuatro.

Repita este ejercicio hasta que su respiración se normalice.

Practicar la atención plena

Los ataques de pánico a menudo hacen que las personas sientan que están perdiendo el control de la realidad o que se alejan de ella. Para contrarrestar esos sentimientos, puede utilizar la atención plena para mantenerse conectado a tierra. En lugar del pánico que invade su cuerpo, concéntrese en todas las sensaciones físicas que le parecen familiares. Por ejemplo, puede poner los pies en el suelo o sentir la textura de la superficie bajo sus pies. Puede pasar las manos por sus pantalones y sentir el material suave. Estas son algunas sensaciones específicas que le permiten permanecer en el momento, en lugar de sentirse abrumado por emociones o sentimientos desagradables. Cualquier forma de estimulación sensorial ayuda a distraer la mente y reduce los síntomas de un ataque de pánico.

Cierre sus ojos

Ciertos disparadores pueden abrumarlo rápidamente. Por ejemplo, la música fuerte o incluso la violencia en la televisión pueden desencadenar un ataque de pánico. Cuando está en un entorno con muchos estímulos, aumenta el estrés en sus sentidos y empeora el ataque de pánico. La forma más sencilla de protegerse de la estimulación excesiva es cerrar los ojos. Siempre que sienta que el pánico se apodera de usted, cierre los ojos lo más fuerte que pueda y dé un paso atrás. Al bloquear todos los estímulos innecesarios, es más fácil concentrarse en su respiración. Una vez que comience a concentrarse en su respiración, será más fácil regular sus emociones. Es una técnica simple de atención plena que le permite permanecer conectado a tierra en el momento.

Relajación muscular

Olvídese de todo por un momento y dirija toda su atención hacia su cuerpo. Concéntrese en cada parte de su cuerpo e intente comprender lo que siente. ¿Cree que sus músculos se tensan? ¿Puede sentir alguna sensación en los dedos de los pies o en las manos? ¿Qué siente cuando mueve los dedos de los pies? ¿Nota algún cambio en las sensaciones generales cuando comienza a concentrarse en su respiración? ¿Cómo se siente su cuerpo cada vez que inhala y exhala? Independientemente de lo que sienta, permítase sentirlo plenamente. No intente cambiar ninguno de sus sentimientos y simplemente comprenda lo que siente.

Concentración

Otra técnica simple que puede probar es enfocarse en un objeto y dirigir toda su atención hacia él durante el ataque de pánico. Concéntrese en un objeto específico que esté en su línea de visión y dirija toda su atención hacia él. El objeto debe ser el foco de su mente. Trate de hacer consciencia y notar todo lo posible al respecto. Por ejemplo, puede notar cómo las manecillas de un reloj se mueven a medida que pasa el tiempo. Quizás el reloj esté inclinado o no esté alineado correctamente. Observe todos estos detalles e intente describir los colores, patrones, formas y tamaños. Describa todo lo que pueda pensar sobre el objeto y hágalo hasta que se sienta más tranquilo. Al darle a su mente otra cosa en la que concentrarse, la distrae del pánico que se apodera de sí.

Ejercicio ligero

Cuando entra en pánico, su corazón late más rápido y aumenta el flujo sanguíneo en su cuerpo. La forma más sencilla de redirigir este flujo sanguíneo hacia algo más positivo es realizar un poco de ejercicio ligero. Cuando su sangre bombea rápidamente debido al ejercicio, su cuerpo comienza a liberar endorfinas. Permita que su cuerpo se inunde de endorfinas; esto ayuda a mejorar su estado de ánimo. Siempre que empiece a sentirse estresado, opte por ejercicios suaves como nadar o caminar. Sin embargo, no intente ningún tipo de ejercicio si comienza a hiperventilar o tiene dificultades para respirar. Lo primero que debe hacer en tal situación es recuperar el aliento. Si está de pie y comienza a hiperventilar, siéntese, coloque la cabeza entre las rodillas y trate de respirar lenta y constantemente. Piense en un lugar relajante o repita una afirmación positiva para calmar su mente y estabilizar su respiración. Una vez que su respiración se haya estabilizado, puede dar una caminata corta y respirar un poco de aire fresco.

Lugar feliz

Todos tendemos a tener ciertos lugares que nos hacen increíblemente felices. Siempre que tenga un ataque de pánico, piense en su lugar feliz. ¿Cuál es el único lugar en este mundo que siempre le hace feliz y al instante le levanta el ánimo? Quizás sea la orilla del mar, la comodidad de su cama o una cabaña en la montaña. Una vez que esté consciente del lugar feliz, comience a visualizarlo como si estuviera allí. Haga que su visualización sea lo más detallada posible y piense en todas las diferentes experiencias sensoriales asociadas con su lugar feliz. Por ejemplo, si es la orilla del mar, visualice una playa de arena con un mar azul cristalino y un sol brillante. Visualice cómo se sentiría cuando la luz del sol caiga suavemente sobre su rostro, mientras el agua acaricia sus pies y su cabello vuela con la brisa del mar. Disfrute de todas estas experiencias sensoriales y visualícelas. Ayudará a calmar su mente en pánico.

Repita un mantra

Puede repetir un mantra o proponer una afirmación positiva. Al repetir la misma oración un par de veces, su mente se distrae efectivamente y lo calma. Dado que un ataque de pánico puede durar diez minutos o más, debe mantener la calma durante este proceso. Para ayudar a mantener la calma, use un mantra o una afirmación positiva como «Estoy entrando en pánico, pero pasará» o cualquier otra cosa que funcione para usted. Siga repitiéndolo hasta que sienta que el pánico se calma y finalmente desaparece.

Lavanda

El aroma de lavanda se usa comúnmente para aliviar el estrés. La lavanda puede ayudar a que su cuerpo se relaje, especialmente cuando es propenso a sufrir ataques de pánico. Por lo tanto, siempre tenga a mano un poco de aceite esencial de lavanda. Siempre que experimente un ataque de pánico, simplemente aplique un par de gotas de este aceite en su mano o antebrazos y huela. Trate de respirar su aroma relajante. Alternativamente, también puede beber un poco de té de lavanda o manzanilla. Ambos ingredientes son extremadamente relajantes para la mente y el cuerpo. Si bebe una taza de té de manzanilla antes de acostarse, puede mejorar la calidad de sueño que obtiene por la noche.

Reconozca su entorno

Para algunas personas, es útil cerrar los ojos mientras experimentan un ataque de pánico. Sin embargo, para otros, solo empeora el pánico que sienten. Si se encuentra entre los últimos, mantenga los ojos abiertos. Siempre que ocurra un ataque de pánico, mantenga los ojos bien abiertos y trate de reconocer su entorno. Básicamente, permita que su mente se concentre en el presente en lugar de preocuparse por el pánico abrumador que siente. Empiece por mirar sus manos, sus pies, el techo, el suelo bajo sus pies o cualquier otra cosa a su alrededor. Puede sonar un poco tonto, pero funciona. Empiece por reconocer mentalmente todo lo que ve a su alrededor. Concéntrese en un objeto y luego pase a otro. También es una excelente manera de aprender a ser consciente del presente sin sentirse abrumado por el ataque de pánico.

Si sigue los sencillos consejos que se explican en esta sección, puede gestionar eficazmente un ataque de pánico sin permitir que controle su vida. Además, todos estos consejos le harán sentir más consciente en su vida cotidiana. Siempre que se sienta ansioso, puede intentar seguir los pasos para reducir su ansiedad y prevenir un ataque de pánico.

Capítulo trece: Trauma y TEPT: Cómo pueden ayudar la DBT y la atención plena

¿Qué es el TEPT?

Cualquiera que haya sufrido un trauma puede experimentar todos los desafíos emocionales asociados con el evento traumático, mucho después de ocurrir. Las personas tienden a experimentar dificultades psicológicas después de vivir cualquier trauma, pero la intensidad de sus síntomas a menudo se reduce con el tiempo. Sin embargo, esto no sucede en personas con trastorno de estrés postraumático (TEPT). En este trastorno, un individuo continúa experimentando la angustia sin que haya signos de disminución a corto plazo.

El Manual de diagnosis y estadística de trastornos mentales (DSM-5) es un manual que utilizan los profesionales clínicos para diagnosticar problemas de salud mental. Inicialmente, este manual clasificaba el trastorno de estrés postraumático como un trastorno de ansiedad, pero ahora se ha reclasificado en la categoría que incluye los trastornos asociados con trauma y factores estresantes. El trastorno de estrés postraumático a menudo se desarrolla después de experimentar un evento traumático. Este evento puede ser aislado o puede ser en forma de experiencias traumáticas crónicas y recurrentes. Existen una variedad de dificultades emocionales y síntomas asociados con el TEPT que inducen una angustia significativa y afectan la capacidad de un individuo para interactuar socialmente, trabajar de manera efectiva y otras áreas importantes de la vida.

Algunos de los factores que pueden contribuir al TEPT incluyen: el tipo de trauma y su intensidad; el género de la persona, su estado civil, la edad, la condición de salud física y la condición de salud mental; sus respuestas emocionales durante el trauma; el sistema de apoyo emocional; y la experimentación de factores estresantes adicionales después del trauma. Hay diferentes tipos de TEPT. Tres subtipos de TEPT son: el TEPT preescolar, complejo y de aparición tardía. Si sufre de trastorno de estrés postraumático, busque asesoramiento y apoyo profesional.

No solo los adultos; incluso los niños pequeños pueden experimentar síntomas de TEPT. Siempre que vivan eventos traumáticos o sean testigos de eventos traumáticos, pueden experimentar angustia emocional después de ocurrido el evento. Los síntomas de desrealización o despersonalización se consideran un subtipo disociativo de TEPT. Desrealización es el término que se utiliza para describir una condición en la que una persona siente las cosas a su alrededor como si no fueran reales y no se siente familiarizada ni conectada con el mundo que la rodea. En la despersonalización, el individuo comienza a experimentar eventos como si estuviera observando desde fuera de su cuerpo y él mismo no fuera real. En el TEPT de aparición tardía, un individuo no comienza a experimentar los diferentes síntomas hasta al menos seis meses después de ocurrido el evento traumático. A veces, las personas pueden experimentar ciertos casos aislados y graves de trauma, como asalto, abuso sexual o un accidente horrible. Se cree que estos casos son aislados ya que las posibilidades de que vuelvan a ocurrir son bajas. Hay diferentes tipos de trauma, que pueden ser recurrentes, como violencia doméstica, negligencia infantil o abuso sexual. Siempre que una persona tenga un trastorno de estrés postraumático complejo, comenzará a revivir el evento una y otra vez, mucho después de que haya ocurrido.

La experiencia de un individuo con el TEPT siempre será única. Los síntomas comunes del TEPT son volver a experimentar o revivir aspectos de lo sucedido, hiperactividad, evasión y pensamientos o creencias negativos. Veamos con más detalle estos síntomas:

- Tener con frecuencia pensamientos o recuerdos perturbadores asociados con un evento traumático.
- Pesadillas recurrentes e incapacidad para conciliar el sueño por la noche.
- Sentimientos extremos de angustia cada vez que se le recuerda el evento traumático.
- Experimentar síntomas físicos como palpitaciones o sudoración excesiva siempre que recuerde el evento traumático.
- Revivir el evento a través de *flashbacks* en los que siente como si el evento traumático estuviera ocurriendo nuevamente.
- Los signos de hiperactividad incluyen dificultad para conciliar el sueño o permanecer dormido; ser susceptible a arrebatos de ira; sentirse siempre en guardia o que a menudo hay peligro a la vuelta de la esquina; sobresaltarse fácilmente; sentirse nervioso; y tener problemas para concentrarse.
- Si hace un esfuerzo consciente para evitar tener conversaciones sobre los eventos traumáticos o evitar los pensamientos o sentimientos asociados con esos eventos, es una señal de evasión. Si evita activamente todos los lugares y personas que le recuerdan el evento traumático o se

mantiene concentrado en evitar pensar en el trauma, esto también es un signo de evasión.

• Las señales comunes de pensamientos y creencias negativos incluyen problemas para recordar aspectos específicos del evento traumático; perder interés en actividades que alguna vez disfrutó; sentirse como un extraño; tener problemas para experimentar emociones positivas; o sentir una fuerte necesidad de apartarse de los demás.

La mayoría de estos síntomas son el mecanismo de defensa natural de su cuerpo ante el estrés que soportó durante el evento traumático. Durante el evento traumático, su cuerpo activa su respuesta de luchar o huir, una respuesta natural a cualquier situación que sea peligrosa o que se considere una amenaza. El mismo mecanismo se activa cada vez que se le recuerda el trauma que sufrió. Al comprender la respuesta natural de su cuerpo, estará mejor equipado para lidiar con cualquiera de los síntomas asociados con el TEPT.

Usar DBT para TEPT

Aquellos con TEPT a menudo luchan por manejar sus emociones de manera efectiva y constructiva, como luchan las personas con TLP. Es una de las razones por las que se usa DBT para tratar el TEPT. Si tiene trastorno de estrés postraumático, es posible que tenga problemas para formar y mantener relaciones, y también puede experimentar la necesidad de participar en acciones autodestructivas, como lastimarse deliberadamente.

Investigadores del Instituto Central de Salud Mental en Mannheim, Alemania, realizaron un estudio para explorar la efectividad del uso de DBT para tratar el TEPT. Los investigadores estudiaron el impacto de un tratamiento intensivo que combina DBT y CBT para tratar el TEPT en mujeres que sufrieron abuso sexual en su niñez. Se refirieron a este tratamiento como DBT-TEPT. Después de tres meses, los investigadores notaron que este enfoque conjunto ayudó a reducir significativamente los síntomas del TEPT como la ansiedad y la depresión. Los síntomas mostrados por los participantes todavía se reducían seis semanas después del tratamiento, y las mujeres continuaban usando las habilidades que habían aprendido para tratar el TEPT. Sin embargo, la investigación sobre DBT-TEPT aún se encuentra en sus inicios y es necesario realizar muchas investigaciones. Los hallazgos preliminares ciertamente sugieren que DBT es una excelente manera de tratar el TEPT y ofrece resultados prometedores.

Atención plena y TEPT

La atención plena se puede utilizar para tratar los síntomas asociados con el TEPT. El concepto de atención plena ha existido durante siglos, y los profesionales de la salud mental apenas ahora pueden comprender los diversos beneficios asociados con él. A las personas con TEPT les resulta sumamente difícil distanciarse de todos los recuerdos, emociones y pensamientos desagradables asociados con el trauma que sufrieron. Pueden sentirse extremadamente preocupados o distraídos por estos pensamientos. Debido a esto, las personas con TEPT tienen dificultades para concentrarse en las cosas que importan en la vida, como las relaciones personales o profesionales. No pueden disfrutar de las actividades que solían disfrutar antes de que ocurriera el trauma. La atención plena es una gran técnica que permite a estas personas volver a estar en contacto con su realidad y aprender a vivir la vida en el presente. También reduce la intensidad de las emociones o recuerdos desagradables que experimentan debido al TEPT.

No hay suficiente investigación sobre la relación entre la atención plena y el TEPT. Los profesionales de la salud mental recién han comenzado a comprender los beneficios que ofrece una terapia como la atención plena. Sin embargo, todas las investigaciones realizadas hasta ahora señalan que la atención plena puede reducir significativamente la ansiedad que siente una persona. Por lo tanto, es seguro decir que la atención plena es una forma eficaz de reducir el estrés y la ansiedad asociados con el TEPT.

En esta sección, veremos diferentes habilidades de atención plena que puede comenzar a practicar para controlar y reducir la intensidad de los síntomas del TEPT.

Ser *consciente*

Una de las habilidades fundamentales de la atención plena es la conciencia. Se trata de su capacidad para concentrarse solo en una cosa en un momento dado. La conciencia no solo significa darse cuenta de todas las cosas que suceden a su alrededor, también necesita ser capaz de reconocerlas y percibir todo lo que sucede dentro de usted, como sus sentimientos y pensamientos.

Otro aspecto de la conciencia es la capacidad de vivir el momento, sin entregarse a cavilaciones o preocupaciones inútiles. Si su vida es guiada por todas las emociones, pensamientos y sentimientos asociados con un trauma, se vuelve extremadamente difícil darse cuenta y participar en la vida a medida que avanza. En lugar de vivir la vida en piloto automático, guiado principalmente por su pasado, es preferible vivir el momento.

Sin juicios

Otro aspecto importante de la atención plena es evaluar su experiencia sin ningún juicio. Se conoce como observación no evaluativa. Simplemente significa que debe poder mirar las cosas de manera objetiva, sin clasificarlas como buenas o malas. Observar sin juzgar es importante para practicar la autocompasión. A menos que pueda ser compasivo consigo mismo mientras evalúa sus experiencias, no podrá cambiar sus patrones de pensamiento. Un factor importante responsable del pensamiento negativo es la autocrítica. Cuando se es compasivo con uno mismo mientras revisa cualquier incidente traumático, se puede empezar a dejar de lado cualquier recuerdo o pensamiento doloroso asociado con este.

Abrirse a nuevas experiencias

Vivir con TEPT a menudo es complicado. Todo el trauma puede impedirle explorar nuevas posibilidades presentes en la vida. A veces, puede ser difícil ver las cosas como son en lugar de permitir que las nociones preconcebidas o los sesgos guíen su juicio. Por ejemplo, si cree que no queda nada bueno en su vida, incluso cuando se presenten oportunidades brillantes frente a sus ojos, no podrá verlas. O tal vez cuando intente cambiarse a sí mismo, crea que no puede cambiar, por lo que se volverá extremadamente difícil. Si desea dejar de lado los diferentes síntomas asociados con el TEPT, es hora de abrirse a nuevas posibilidades y a todas las maravillas de la vida.

Salir de la cabeza

Sin saberlo, la mayoría de las personas con TEPT a menudo se ven atrapadas en la ansiedad o las preocupaciones y se quedan encerradas en sus propias mentes, por así decirlo. Aquí hay un ejercicio simple que puede intentar para aumentar su conciencia.

Encuentre un lugar tranquilo y póngase cómodo. Durante este ejercicio, elimine todas las distracciones y coloque su teléfono en silencio. Puede acostarse de espaldas o sentarse en una silla. Mientras esté sentado, asegúrese de mantener la espalda recta, los hombros relajados y los brazos a los lados. Simplemente cierre los ojos y centre toda su atención en su respiración. Observe cómo se siente su respiración cuando entra y sale de su cuerpo. Puede concentrarse en los aspectos físicos de la respiración: la forma en que su abdomen sube y baja al inhalar y exhalar. Además, puede colocar una mano sobre su estómago para notar este movimiento y le permitirá mantenerse conectado a tierra.

Permítase perderse en esta experiencia y concéntrese solo en su respiración. Si su mente divaga, guíela suavemente de regreso a la subida y bajada de la parte inferior del abdomen. Visualice que está montando las suaves olas de su respiración. Además, observe cómo se siente cada vez que su mente divaga, le dará una idea de las señales que debe buscar antes de ceder a cualquier distracción. Siga haciéndolo todo el tiempo que desee o hasta que se sienta tranquilo. Antes de probar este ejercicio, practique la técnica de respiración consciente. Rara vez prestamos atención a la forma en que respiramos.

Dado que la respiración es una función involuntaria, no requiere pensamiento consciente. La conciencia plena significa que debe concentrarse en su respiración para hacerla uniforme, rítmica y evitar que se vuelva superficial o rápida. Siga el ejercicio de atención plena mencionado anteriormente al menos una vez al día para mejorar su conciencia. Con el tiempo, le dará un mejor control sobre sus patrones de pensamiento y emociones.

La primera vez que intente este ejercicio, su mente podría divagar varias veces. La atención plena es como aprender a conducir. No puede dominarlo hasta que practique. Nunca se desanime si su mente comienza a divagar durante el ejercicio. Es bastante normal. Siempre que note algún pensamiento que le viene a la cabeza, anótelo y piense en él después del ejercicio. Además, no juzgue ninguno de sus pensamientos y simplemente observe.

Trate de practicar las diferentes habilidades de atención plena que se analizan en este capítulo con la mayor frecuencia posible, mientras lleva su vida diaria. Con la práctica, la atención plena le llegará de forma natural y se volverá más consciente de todas sus experiencias de vida. Lo cual, a la vez, facilitará lidiar con los síntomas del TEPT.

Capítulo catorce: Prevención de recaídas

Lapso y recaída

Recuperarse o lidiar con cualquier problema de salud mental rara vez es sencillo. El camino hacia el alivio de los síntomas pocas veces es estable y un escenario realista a menudo incluye algunos contratiempos. Estos contratiempos pueden presentarse en forma de recaídas.

Los términos lapsos y recaída pueden parecer un poco confusos y, a menudo, se usan como sinónimos, pero son bastante diferentes entre sí. Siempre que un médico describe un lapso, se refiere a una condición bastante normal. El lapso por lo general significa un breve regreso a sentirse mal o participar en pensamientos o comportamientos indeseables. Suele ser una situación temporal y es bastante común. Por otro lado, las recaídas son un poco más complicadas y más difíciles de tratar. Un lapso puede transformarse rápidamente en una recaída si no se controlan los síntomas asociados con este. Siempre que se dice que una persona ha recaído, significa que comienza a experimentar los patrones de pensamiento negativo y la evasión experimentados durante los momentos más oscuros antes de aprender a sobrellevarlos.

Lidiar con un trastorno de salud mental es muy desafiante y complejo. Incluso cuando sienta que tiene un control total sobre los síntomas asociados, el riesgo de volver a los viejos hábitos será bastante alto.

Signos de recaída

Aquí hay algunas señales de advertencia de una recaída:

- Sensación constante de tristeza o ansiedad.
- Perdida del interés en actividades que alguna vez disfrutó. La incapacidad de disfrutar de pasatiempos o de cualquier otro interés que pueda tener, incluido el sexo.
- Sentirse extremadamente agitado o inquieto sin una razón plausible.
- Incapacidad para dejar de pensar en el pasado o preocuparse por el futuro.
- Experimentar un abrumador sentimiento de culpa o inutilidad.
- Episodios inexplicables de tristeza y angustia.
- Otra señal de advertencia común que puede observar es cualquier cambio repentino en sus patrones de alimentación y apetito. Comer demasiado, atracones, comer compulsivamente o la pérdida absoluta del apetito son señales de advertencia de una recaída.
- Necesidad de retraerse y evitar todo tipo de situaciones sociales. Romper lazos y perder el contacto con amigos o seres queridos también es un signo de recaída.
- Cualquier cambio abrupto en sus patrones de sueño. Dormir muy poco, insomnio o la imposibilidad de permanecer dormido durante toda la noche son señales de advertencia que no debe ignorar.
- Los dolores de estómago inexplicables, los dolores musculares, los dolores de cabeza o cualquier otro dolor físico también pueden ser señales de advertencia.

- Si nota que tiene problemas para concentrarse o recordar cosas, podría ser un signo de la recurrencia de un trastorno de salud mental.

Si nota que tiene pensamientos suicidas o está participando en cualquier comportamiento que lo perjudique, es una señal que no debe ignorar a toda costa. Siempre que note un comportamiento de este tipo, es hora de buscar ayuda de inmediato. Si experimenta alucinaciones, disociación de la realidad o cualquier otra cosa semejante, busque ayuda médica de inmediato. Si no se controlan, estos síntomas pueden salirse de control rápidamente y convertirse en una amenaza para su vida.

Una vez que note estas señales de advertencia, puede estar atento a ellas. Tómese un tiempo y explique estas señales a sus seres queridos para que puedan alertarlo cuando parezca que se está alejando.

Potenciadores de recaídas

En esta sección, veremos los disparadores específicos que debe tener en cuenta para evitar una recaída.

Problemas de relación

Diferentes problemas en una relación también pueden ser traumáticos. No son físicamente traumáticos, pero inducen un trauma mental o emocional. Por ejemplo, un padre que se enfrenta al síndrome del nido vacío es bastante susceptible a la depresión. Por otro lado, lidiar con la muerte de un ser querido también puede desencadenar depresión. Cualquier problema en su vida amorosa puede desencadenar trastornos de ansiedad. Toda forma de trauma mental o emocional puede provocar una recaída. Cualquier evento que provoque estrés extremo debe ser tratado con mucho cuidado para su bienestar.

Dejar el tratamiento

No completar el curso del tratamiento puede desencadenar una recaída en diferentes problemas de salud mental como depresión, trastorno de estrés postraumático, esquizofrenia u otra enfermedad. Por lo general, las personas comienzan a sentirse mejor e inmediatamente dejan de tomar sus medicamentos o suspenden la psicoterapia por completo. Al hacerlo, no alcanzan la remisión y, en cambio, entran en una fase de recaída. Asegúrese de mantener un horario y estilo de vida saludables. Consuma comidas saludables y nutritivas, duerma al menos siete horas diarias, haga ejercicio regularmente, evite las personas tóxicas y manténgase alejado del alcohol o las drogas. Empiece a cuidar su salud física, y su salud emocional y mental también mejorarán.

Eventos traumáticos

Varios eventos traumáticos pueden provocar una recaída, como desastres naturales, accidentes horribles o incluso ataques terroristas. Cuando se enfrenta a tal trauma, su cerebro puede recaer en viejos patrones como mecanismo de afrontamiento. Por lo tanto, siempre que se enfrente a un evento traumático, tenga cuidado con los diferentes signos de recaída.

Adicciones

Hoy en día, las adicciones ya no se limitan al consumo de alcohol o drogas. Hay diferentes tipos de adicciones, como comer demasiado; mirar televisión en exceso; adicciones al juego; etc. Las adicciones sin duda le proporcionarán un alivio temporal de cualquier síntoma o trastorno que experimente. De hecho, es el escape perfecto de las emociones desagradables. Sin embargo, si comienza a depender de una adicción, aumenta el riesgo de recaída; podría actuar como un disparador potencial. Se cree que ver televisión en exceso es un desencadenante común de la depresión, la ansiedad y el estrés.

Ciertos cambios hormonales en las mujeres también pueden desencadenar depresión u otros trastornos emocionales. La química del cerebro que regula las emociones a menudo se ve afectada por varias hormonas. Las mujeres que se acercan a la pubertad, durante o después del embarazo, y en el momento de la perimenopausia son más susceptibles a desarrollar depresión.

Si se encuentra en alguna de estas categorías, es esencial que busque ayuda médica cada vez que observe alguno de los signos de recaída que se describen en esta sección. Ahora que conoce los diferentes factores potenciadores, es más fácil evitarlos. Siempre que note un disparador, puede actuar de inmediato y tomar medidas correctivas para evitar una recaída.

Consejos para prevenir una recaída

A continuación, presentamos algunos consejos sencillos que puede utilizar para prevenir recaídas.

Ámese a sí mismo

Siempre que note alguno de los disparadores o signos de una recaída, es hora de nutrirse. Cuidar de su bienestar general es su responsabilidad y no puede culpar a nadie más por ello. Alimentar sus sentidos es fundamental. Cuando empiece a notar algún disparador, escuche su música favorita, dedique tiempo a hacer cosas que le gusten o quizás beba un sorbo de una taza de té calmante caliente. Intente estimular el sentido del olfato y el tacto. Pase tiempo en la naturaleza y deje que lo calme. Realice algo de ejercicio físico para contrarrestar el estrés que sienta.

Diálogo interno positivo

Sostenga un diálogo interno positivo. Será propia motivación y su entrenador. Siempre que se sienta deprimido o desanimado, será hora de darse una breve charla de motivación. Recuérdese a sí mismo que lo que sea que esté experimentando en este momento es temporal y que también pasará, como todo lo demás en la vida.

El hecho de que se sienta miserable en este momento no significa que siempre se sentirá miserable. Esa es la belleza de la vida; nada es constante. Por lo tanto, la próxima vez que empiece a sentirse abrumado por cualquier patrón de pensamiento negativo, reemplácelo con un diálogo interno positivo. Puede decirse algo como: «Sé que me sentiré mejor pronto» o «Simplemente estoy teniendo un mal día, mi vida no es mala».

Exteriorizar

Siempre que el estrés o cualquier otra emoción intensa se apodere de usted, es posible que experimente el deseo de aislarse. El aislamiento solo empeorará las posibilidades de una recaída. No lo provoque, en cambio, comuníquese. Si está luchando con un problema de salud mental, infórmeselo a los demás. Hable con sus seres queridos al respecto de la manera más abierta y libre posible. Infórmeles sobre cualquier problema con el que esté lidiando y bríndeles información sobre las señales de advertencia que deben tener en cuenta. No solo le hará sentir más ligero; sino que también le comprenderán mejor. Hay varios grupos de apoyo a los que puede unirse, donde es posible conocer a otras personas que están pasando por lo mismo que usted está experimentando en este momento.

Preparación

Al lidiar con un problema de salud mental, prepárese siempre para una recaída. Habrá casos en los que podría volver a caer en sus viejos patrones de pensamiento negativo y comportamientos dañinos. Si se prepara para esto, puede elaborar un plan de acción que pueda utilizar si recae. Empiece por hacer una lista de todas las diferentes señales de advertencia que pueden aparecer y luego elabore planes individuales para actuar en consecuencia. Si es necesario, no dude en consultar a un médico.

Manténgase al día con el tratamiento

Para ciertos trastornos mentales, el curso del tratamiento incluye medicación durante un período específico. Asegúrese de mantenerse al día con el tratamiento que le recetaron y no lo interrumpa. Si completa el ciclo de la medicación prescrita, reducirá significativamente el riesgo de una recaída. Después de todo, el objetivo del tratamiento es mejorar. Entonces, ¿por qué no completar el curso?

Practique la atención plena

Hasta ahora, se le dieron diferentes consejos sobre cómo puede utilizar la atención plena para tratar diversos trastornos mentales. Es hora de que empiece a practicarlo a diario y de forma constante. Ciertamente toma algo de tiempo y esfuerzo, pero valdrá la pena. Comience a agregar diferentes prácticas de atención plena a su vida diaria y mantenga una rutina. Es posible que no note un cambio de inmediato, pero eventualmente comenzará a sentirse mejor. A menos que se comprometa con DBT y practique las diferentes técnicas prescritas, no podrá notar ninguna mejora.

Modifique el enfoque de 12 pasos

El enfoque de 12 pasos se usa generalmente en programas como Alcohólicos Anónimos. Como sugiere el nombre, se siguen 12 pasos en el camino hacia la recuperación o la sobriedad. Es posible que los 12 pasos no funcionen necesariamente para DBT, pero hay ciertos aspectos de este enfoque que pueden modificarse para cumplir con los requisitos de DBT. En esta sección, veremos ciertos pasos simples que puede seguir para mejorar su capacidad de regular cualquier emoción intensa y restaurar su salud mental.

- Admita que necesita aprender a regular sus emociones. Podrá comprender la importancia de la regulación de las emociones y el daño causado por la desregulación emocional.
- Evalúese conscientemente y sin miedo a usted mismo. Realice un inventario moral de sí mismo sin ningún juicio.

- Admita ante sí mismo y ante otra persona la naturaleza de todos los errores o fechorías que ha cometido.
- Haga una lista de todas las personas a las que podría haber dañado a sabiendas o sin saberlo.
- Empiece a reparar directamente a esas personas siempre que pueda. Sin embargo, evite hacer esto si sabe que podría dañar a la otra persona.
- Siga haciendo balance de su inventario personal y admita cada equivocación.
- Concéntrese en comprender sus emociones, pensamientos y sentimientos mediante la meditación o la oración.
- Experimente un renacimiento emocional debido a todos estos pasos. Una vez que complete estos pasos, es hora de transmitir este mensaje a otras personas sobre cómo lidiar con cualquier problema de salud mental.

Cuando se trata de recaídas, hay muchos pasos que puede tomar para prevenirlas. Sin embargo, no se desanime al lidiar con una recaída. No es el fin del mundo. Logró regular sus emociones usando DBT la primera vez, y puede volver a hacerlo. Sea paciente consigo mismo y no se apresure. No espere resultados milagrosos. Sin embargo, con esfuerzo constante y tiempo, podrá ver un cambio positivo en su salud mental y emocional en general.

Conclusión

Inicialmente, la Dra. Marsha M. Linehan desarrolló la terapia conductual dialéctica como tratamiento para el trastorno límite de la personalidad. Sin embargo, DBT ahora se usa para tratar muchas condiciones de salud mental y no se limita al TLP. DBT se puede utilizar para mejorar su capacidad de manejar cualquier situación angustiosa en la vida, sin perder el control de sus emociones, su estabilidad emocional o sin recurrir a comportamientos destructivos. Es una gran técnica para rectificar la desregulación emocional.

Los principios básicos de DBT se basan en la atención plena, la tolerancia a la angustia, la regulación de las emociones y la eficacia interpersonal. Estos principios básicos son útiles cuando se trata de emociones difíciles. Ciertas situaciones en la vida no se pueden cambiar independientemente de cuánto lo intente, lo que puede ser una fuente de inmenso estrés y angustia. Aprender a lidiar con estas situaciones y salir de ellas requiere atención. La atención plena es uno de los aspectos más importantes de DBT.

La atención plena es la capacidad de vivir la vida en el momento, sin permitir que ningún pensamiento sobre el pasado o el futuro se apropie de sus patrones de pensamiento. A menos que sea consciente de sí mismo, sus emociones, pensamientos, sentimientos, acciones y la vida en general, no podrá llevar una vida feliz y libre de estrés. Aquí es donde DBT entra en escena. Para recuperar el control sobre sus emociones y mantener la estabilidad emocional, debe comprometerse. La salud no se limita solo a su bienestar físico; también incluye su bienestar mental y emocional. A menos que estos tres aspectos de su salud estén en equilibrio, no podrá alcanzar la paz mental.

En esta guía, se le proporcionó la información necesaria para desarrollar y mejorar habilidades importantes que le ayudarán a concentrarse en su estado actual, al tiempo que reducen el estrés, las preocupaciones y el trastorno de estrés postraumático. También se le proporcionó información sobre cómo contrarrestar eficazmente cualquier comportamiento impulsivo utilizando DBT y consejos para lidiar con situaciones extremadamente estresantes en la vida.

Las técnicas y consejos que se dan en este libro son fáciles de entender y de seguir. Todos los consejos fueron seleccionados para ayudarlo a permanecer en el momento presente, aumentar la comprensión de sus emociones, entender su verdadero yo y frenar los comportamientos impulsivos. Puede hacer todo esto incluso en momentos de angustia. Todas las técnicas de este libro ayudarán a mejorar la capacidad para regular sus emociones, mientras promueven su salud mental y emocional.

La clave de su bienestar emocional y mental está en sus manos. El primer paso para recuperar el control de sus emociones es DBT. Un poco de constancia y esfuerzo es todo lo que se necesita para dominar las diferentes técnicas de DBT y la atención plena sugeridas en este libro. Una vez que comience a seguir estas técnicas, notará un cambio positivo en su salud emocional. ¿Entonces, qué espera? No hay mejor momento que el presente para empezar.

¡Gracias y los mejores deseos!

Segunda Parte: Terapia Conductual Cognitiva

Una Guía Simple de la TCC para Superar la Ansiedad, los Pensamientos Intrusivos, la Preocupación y la Depresión junto Con Consejos Para Usar la Atención Plena

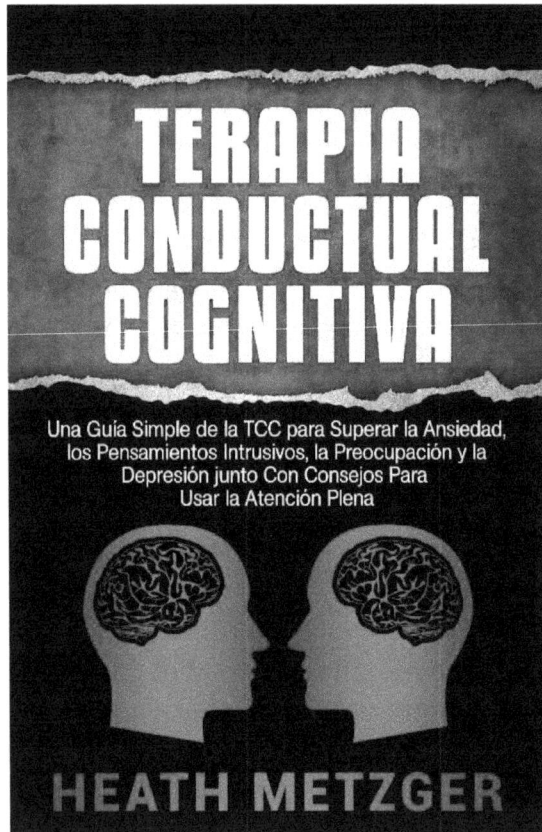

Introducción

La terapia cognitiva-conductual (TCC) se ha convertido en uno de los mejores métodos de psicoterapia para tratar varios problemas de salud mental. Aunque es un método de tratamiento relativamente nuevo, ha ganado popularidad entre muchos expertos de todo el mundo. Es importante tener en cuenta que la TCC (terapia del comportamiento cognoscitivo) no elimina los problemas; en cambio, ayuda a la gente con enfermedades mentales leves a graves a hacer frente y afrontar sus problemas de forma más eficaz.

Este método de psicoterapia se basa en cambiar y modificar la forma en que se comporta. Este libro tiene como objetivo crear conciencia sobre la TCC, profundizando para proporcionarle los mecanismos de acción y mostrándole el funcionamiento interno de lo que es la TCC.

Una de las cosas discutidas es la historia de TCC, que le proporcionará información válida mientras explora los diversos pasos involucrados en el desarrollo de TCC.

Otro factor esencial explorado es el papel de los pensamientos negativos en la salud mental. Lo que pensamos sobre una situación en particular afecta cómo la vemos, cómo la percibimos, cómo respondemos a ella y nuestro comportamiento hacia ella.

Exploraremos el origen de los pensamientos negativos y cómo un patrón específico de pensamiento afecta nuestras reacciones y respuestas.

Además, podemos ver cómo es una sesión típica de TCC y el papel del terapeuta para ayudar a las personas con problemas de salud mental. La TCC es una terapia que depende de una estructura particular; se diferencia de otros tratamientos en la construcción y el tiempo necesario para el procedimiento. Además, un factor esencial que diferencia la TCC de otros métodos de psicoterapia es la relación entre el terapeuta y el paciente.

La TCC es una terapia orientada a objetivos, por lo que es más adecuada para problemas de salud mental que se pueden dividir en objetivos.

La identificación de los problemas de salud mental es fundamental, ya que le ayuda a tratarlos más rápido y con mejores resultados. El reconocimiento de varios trastornos de salud como depresión, ansiedad, esquizofrenia, ataques de pánico, preocupación excesiva y otras enfermedades de salud mental se logra mediante la observación de los diversos síntomas. Ser capaz de identificar los síntomas de estos problemas de salud mental es el primer paso hacia el tratamiento. Muchos de estos problemas de salud mental tienen señales y síntomas similares, por lo que es esencial buscar la ayuda de un experto para reconocer el problema de salud en particular que podría estar enfrentando.

El establecimiento de objetivos es una parte esencial y fundamental de la TCC. No podemos exagerar la importancia del establecimiento de objetivos porque este es uno de los primeros requisitos en el tratamiento de la TCC. El establecimiento de objetivos en la TCC tiene un mecanismo que se logra solo siguiendo el enfoque correcto. En el Capítulo Tres aprenderá a establecer metas realistas y alcanzables.

La ansiedad y la preocupación son problemas de salud mental prevalentes en todo el mundo. El tratamiento con la TCC para la ansiedad y el estrés consiste en hacer las preguntas adecuadas y poder evaluarse correctamente. Con la ayuda de la TCC, podrá identificar patrones de pensamiento negativos que a menudo conducen a la ansiedad y la preocupación y desafiarlos reemplazándolos por otros más realistas. En el tratamiento de los trastornos de ansiedad y estrés, usted y su terapeuta trabajarán juntos para elaborar varias asignaciones o tareas que le ayudarán a aplicar todo lo aprendido en las sesiones de terapia.

La depresión es otra enfermedad importante de salud mental que hoy afecta a mucha gente. Ahora es una característica común de la vida moderna y está a punto de convertirse en uno de los problemas de salud más comunes de nuestro tiempo. Existen varios tipos de depresión, e identificar el tipo que puede estar experimentando requiere asistencia profesional. El tratamiento con la TCC para la depresión a menudo sigue el típico plan estructurado orientado a objetivos que es característico de la TCC. A diferencia de otras psicoterapias para la depresión, la TCC ofrece un tiempo de terapia más corto, con menos posibilidades de recaída. Las diversas herramientas y técnicas derivadas de las sesiones de TCC se pueden utilizar mucho después de que haya completado las sesiones de terapia. Los tratamientos siguen siendo viables y aplicables durante toda su vida y reducen el riesgo de recaídas.

La relación entre el abuso de sustancias y la depresión es un tema común cuando se trata de enfermedades mentales. Mucha gente que tiene depresión es susceptible de desarrollar problemas de adicción; este diagnóstico se conoce como diagnóstico dual.

El estrés relacionado con el trabajo es una preocupación importante, ya que un número cada vez mayor de trabajadores experimentan estrés relacionado con el trabajo a un ritmo alarmante. Debido a la creciente presión para lograr más en menos tiempo, mucha gente a menudo termina sintiéndose como si no hubiera logrado sus logros, lo que constituye una fuente importante de estrés relacionado con el trabajo. Brindamos información sobre los desencadenantes, los síntomas y el efecto a largo plazo del estrés laboral. El tratamiento con la TCC para el estrés en el lugar de trabajo ha sido eficaz para ayudar a mucha gente a idear diferentes estrategias para manejarlo de manera eficiente. la TCC le ayuda a elaborar un plan realista para lidiar con situaciones estresantes en el trabajo, ayudándole a establecer prioridades, realizar un seguimiento de su estado de ánimo y sentirse menos abrumado/a en el trabajo.

Los pensamientos intrusivos son la causa principal de muchos problemas de salud mental como ansiedad, depresión, trastorno obsesivo-compulsivo (TOC) y otros. El tratamiento con TCC para pensamientos intrusivos le ayudará a identificar estos pensamientos y los desencadenantes responsables de ellos.

La relación entre la TCC y la atención plena se analiza con gran detalle. Las historias y similitudes entre la atención plena y la TCC le ayudarán a comprender su utilidad para abordar muchos problemas de salud mental.

La combinación de la TCC y la atención plena ha producido resultados que hacen de MBCT (por sus siglas en inglés, Terapia cognitiva basada en la atención plena) una herramienta invaluable para tratar problemas de salud mental como la depresión y la ansiedad. La MBCT aplica los principios de la TCC y la atención plena. Si está cansado/a de varios otros métodos de tratamiento que simplemente no le han funcionado y está buscando algo más refrescante con una mayor tasa de éxito, entonces la TCC podría ser para usted.

Capítulo Uno: ¿Por qué Utilizar la TCC?

La terapia cognitivo-conductual (TCC) tiene como objetivo mejorar su estado mental y emocional general con el uso de un enfoque práctico. Le ayuda a comprender las distorsiones cognitivas complejas y desafiantes en sus pensamientos, sentimientos y actitudes para mejorar la capacidad de funcionamiento y la calidad de vida en general. Inicialmente fue diseñada para tratar la depresión y otras enfermedades mentales, pero ahora se está aplicando ampliamente en el tratamiento de varios problemas psicógenos que van desde trastornos del sueño hasta abuso de drogas y alcohol, depresión, enfermedades mentales graves, trastornos alimentarios y ansiedad. Al prestar atención a las creencias, actitudes y estilos de vida, le ayuda a identificar los patrones de pensamiento responsables del comportamiento ineficaz y los estados de ánimo negativos. La identificación de estos patrones mejora su control emocional y le ayuda a desarrollar estrategias de afrontamiento contra las dificultades emocionales que conducen a la depresión.

La TCC también presenta una ventaja esencial sobre varios otros métodos de tratamiento; es un tratamiento a corto plazo en comparación con otros. Para la mayoría de los problemas emocionales, tiene un plan de tratamiento que varía entre cinco y diez meses. Cuenta con una menor cantidad de sesiones por semana, cada una con una duración de aproximadamente 60 minutos. Durante las sesiones, trabaja con el terapeuta para identificar los desencadenantes psicológicos que impiden el funcionamiento típico del día a día. A lo largo de las sesiones de terapia, el terapeuta introduce varias técnicas que se pueden aplicar cuando surja la necesidad, y estos principios se pueden utilizar durante toda la vida.

La TCC se basa en el principio del agregado de la terapia conductual a la psicoterapia. La terapia conductual se enfoca en el papel que juegan nuestros problemas al afectar nuestros pensamientos, comportamiento y estilo de vida en general. La psicoterapia presta mucha atención al comienzo de nuestro patrón de pensamiento en la infancia y cómo la importancia que damos a las cosas afecta nuestra respuesta a ellas. Luego, ayuda a las personas a desafiar esos pensamientos, reacciones o creencias automáticas que surgen cuando se desencadenan en situaciones específicas, utilizando estrategias apropiadas para modificar su comportamiento a respuestas y pensamientos más positivos.

Historia de la Terapia Cognitivo-Conductual

La invención de la Terapia Cognitivo-Conductual en 1960 se le atribuye a Aaron Beck. Era psicoanalista, y mientras estaba en sesiones analíticas vio que sus pacientes tenían conversaciones con ellos mismos, similares a las de dos personas. Pero sus pacientes nunca dieron un informe completo de sus pensamientos.

Por ejemplo, durante una sesión de terapia, es posible que usted esté pensando para sus adentros: "Él (el terapeuta) no entiende nada de lo que estoy diciendo" y como resultado de este pensamiento podría terminar sintiéndose molesto o disgustado. En consecuencia, podría responder al pensamiento anterior con otro: "Tal vez sea mi culpa por no ser comunicativo con lo que siento". El siguiente pensamiento podría terminar cambiando cómo se sentía anteriormente debido al primer pensamiento.

Aaron finalmente llegó a reconocer la importancia de la relación entre sentimientos y pensamientos. Luego acuñaría el término "*Pensamiento Automático*" para explicar ideas llenas de emoción que surgen de vez en cuando en nuestra mente. Concluyó que la gente no siempre es consciente de estos pensamientos, pero aun así se les puede enseñar a identificarlos y reportarlos. Concluyó que la clave para alguien que se enfrenta a tales dificultades es reconocer y comprender el papel que juegan estos pensamientos en sus emociones y comportamiento.

Debido a la importancia de la relación entre pensamientos y comportamiento, Aaron ideó el término "*Terapia Cognitiva*" para este método de psicología. Hoy, se la conoce como terapia cognitivo-conductual (TCC). El equilibrio entre la psicoterapia y el tratamiento conductual puede ajustarse para adaptarse a las necesidades individuales; esto ha llevado a la fundación de muchas categorías de TCC. La TCC se ha sometido a varios ensayos científicos por parte de varios equipos y su gama de aplicaciones ha aumentado a lo largo de los años.

El Papel de los Pensamientos Negativos

La teoría que respalda la TCC es que los acontecimientos por sí solos no son los responsables de lo que sentimos o cómo nos comportamos, sino también del significado y la importancia que les damos. Por ejemplo, si uno experimenta un aluvión de pensamientos negativos, podría distorsionar su percepción y llevarlo a creer lo que no es así. Puede aferrarse a este conjunto distorsionado de pensamientos y creencias y no aceptar nada en contrario.

Por ejemplo, debido a la depresión, un o una estudiante podría pensar: "Soy incapaz de terminar la escuela hoy porque nada saldrá bien; todos me odian, no tengo amigos y estaré completamente solo/a". Como resultado de creer en este pensamiento, puede decir que está enfermo para evitar ir a la escuela. Al responder y dejar que este pensamiento afecte su comportamiento, elimina la posibilidad de descubrir si su predicción va a ser incorrecta. Si él o la estudiante hubiera ignorado este pensamiento y hubiera aprovechado la oportunidad de ir a la escuela, algo podría haber sido diferente o las cosas podrían haber ido mejor de lo que predijera. Pero elige quedarse en casa, lidiando con pensamientos aún más negativos como, "Hoy me he perdido mucho y me siento tan solo/a". Visiones como esta podrían hacer que el o la estudiante se sienta aún peor y reducir las posibilidades de que vaya a la escuela al día siguiente. Situaciones como estas son el comienzo de una espiral descendente. Los círculos viciosos como este suelen aplicarse a muchos otros problemas.

¿De Dónde Provienen Estos Pensamientos Negativos?

Según Aaron, cada individuo establece su patrón de pensamiento durante la infancia, y luego crea una forma de pensar reflexiva o automática que permanece fija. Por ejemplo, considere una situación en la que los padres generalmente descuidaron a su hijo/hija (excepto en momentos de necesidad), pero al niño o la niña le va bien en la escuela. En este caso, el niño/a terminará pensando: "Tengo que estar en la cima de mi juego en la escuela, así que lo hago bien o de lo contrario mis padres me rechazarán". El niño o niña termina creando una norma para su existencia (lo que se conoce como suposición disfuncional). Esta norma puede estar distorsionada, pero también puede permitir que el niño o la niña trabaje más para tener un buen desempeño en la escuela y así obtener más atención de sus padres.

Este patrón conduce a varias cadenas de pensamiento conocidas como patrones de pensamiento disfuncionales, que se activan o desencadenan cuando sucede algo fuera del control del niño o niña. Cuando ocurre esto, el modelo de pensamientos automático establecido ocupa un lugar central en la mente del niño o niña, precipitando pensamientos como "Soy un fracaso y no tengo ninguna razón para existir".

El papel de la terapia cognitivo-conductual es ayudar a la gente en situaciones similares a comprender lo que está sucediendo. Les ayuda a pensar fuera de sus líneas de pensamiento reflexivas establecidas. Entonces, en el caso del estudiante o de la estudiante que está preocupado/a por lo solo/a que se sentiría en clase, TCC le alienta y le ayuda a examinar situaciones de la vida real y ver qué sucede. Cuando el estudiante o la estudiante se arriesga y se pone a sí mismo/a en un estado de la vida real más realista, es posible que experimente cosas que irían mejor de lo esperado; pueden conocer a alguien que comparta la misma visión de la vida y hacer un amigo para variar, de modo que puedan sentirse menos solos.

Es un hecho indiscutible que las cosas no siempre salen según lo planeado. Aun así, cuando su mente es inestable, sus pensamientos, predicciones e interpretaciones se distorsionarán; no ve las cosas con claridad y tendrá mayores dificultades para lidiar con situaciones peores. La TCC le ayuda a corregir las opiniones e interpretaciones distorsionadas que pueda tener de diversas circunstancias.

¿Cómo es el Tratamiento de la TCC? ¿Qué Esperar en las Sesiones de TCC

La TCC se diferencia de otros tipos de terapia en algunos aspectos esenciales. Si está considerando la TCC como un método de tratamiento, podría ser útil tener una idea de qué esperar en las sesiones de TCC.

Sesiones de TCC

En la primera sesión, el objetivo principal es realizar una evaluación de la situación. La reunión le permite explicar en detalle los problemas que está experimentando. En esta sesión, el terapeuta intentará obtener una imagen completa de los factores esenciales necesarios para la atención. Luego, el terapeuta determina si son los adecuados para usted para ayudarlo a lidiar con sus problemas, o si necesitan derivarlo a otro facultativo. Por lo general, al final de la primera sesión, el terapeuta puede elaborar un plan de tratamiento que enumere las diversas intervenciones necesarias para la terapia. En algunos casos, se necesita más de una sesión para armar un plan de tratamiento integral. Después de elaborar el cronograma, el terapeuta lo ayuda a comprender si el plan de tratamiento es el adecuado para usted.

Después de la evaluación, el tratamiento comienza en sesiones posteriores para abordar el objetivo del plan de tratamiento. En cada sesión se dedica tiempo a la resolución de problemas, en contraste con el tratamiento tradicional que implica hablar mucho sobre los problemas.

En cada sesión, la TCC maximiza el uso del tiempo para una mayor efectividad. Cada sesión comienza con un pequeño control para determinar cuan efectivo es el plan de tratamiento para resolver el problema subyacente. Un rápido resumen de la última sesión y la tarea que sigue a este control. Después, el resto de la sesión se dedica a tratar la agenda del día.

Sesiones finales

Cuando haya cumplido la(s) meta(s) del plan de tratamiento, el terapeuta reducirá la frecuencia de las sesiones. Otras terapias convencionales a veces duran tres años. En cambio, la TCC dura solo unos meses. La razón es que el diseño de la TCC tiene como objetivo convertirle en su propio terapeuta al brindarle las herramientas para hacer frente a cualquier situación. Los terapeutas programan la última fase de las sesiones de TCC con menos frecuencia, lo que le da más tiempo para aplicar las habilidades y herramientas que ha aprendido a situaciones de la vida real y a desarrollar confianza en su capacidad para lidiar con problemas que puedan surgir a posteriori.

Al final de cada sesión, el terapeuta a menudo le asigna una tarea; este es un proceso vital, ya que ayuda a la gente a dominar las herramientas o habilidades adquiridas durante las sesiones. La tarea varía según la naturaleza de la agenda en particular de una sesión de terapia. Por ejemplo, se le puede pedir que lleve un registro de los incidentes que desencadenan sentimientos de depresión o ansiedad. Esta tarea puede ser imprescindible para examinar los pensamientos generados por los acontecimientos. La siguiente tarea podría ser aplicar habilidades específicas aprendidas durante las sesiones de terapia para lidiar con situaciones similares.

En qué se Diferencia la TCC de Otras Terapias

La diferencia significativa entre la TCC y otras terapias radica en la relación entre usted y el terapeuta. Un inconveniente inherente de la mayoría de los tratamientos es que pueden crear una especie de dependencia del terapeuta. Como resultado, puede llegar a ver al terapeuta como todopoderoso y omnisciente. Con la TCC, este no es el caso.

En la TCC, la relación entre usted y el terapeuta es más o menos igual, más como un acuerdo comercial, más práctica y centrada en los problemas. Su terapeuta siempre le hace preguntas sobre sus puntos de vista sobre la terapia. Aaron Beck describió esta relación con el término "*empirismo colaborativo*". Enfatiza la importancia de que trabaje junto con el terapeuta para generar ideas para aplicarlas a sus problemas.

Beneficios de la Terapia Cognitivo-Conductual

La Asociación Nacional de Terapeutas Cognitivo-Conductual (ANTCC) ha descrito la base de la TCC como construida sobre la teoría de que nuestro comportamiento y sentimientos ocurren en respuesta a nuestros pensamientos, y no son causados por cosas como situaciones, personas y eventos. Con este hecho, la ventaja es que podemos alterar nuestros puntos de vista para cambiar nuestros sentimientos y actuar en contra de un caso o circunstancia.

Los beneficios de la TCC incluyen

- Capacidad para identificar sentimientos y pensamientos negativos

- En casos de adicción, disuadir de la recaída

- Ayuda en el manejo de la ira

- Hacer frente al dolor y la pérdida

- Manejo del dolor crónico

- Superar el trauma y lidiar con el Trastorno por estrés postraumático TEPT

- Superar los trastornos del sueño

- Resolver dificultades en las relaciones

¿Quién Puede Beneficiarse Del Tratamiento con TCC?

La TCC es a menudo un tratamiento adecuado para gente con problemas específicos; la TCC puede ser menos útil para gente que simplemente experimenta sentimientos de infelicidad e insatisfacción, pero que carece de los síntomas que le impiden superar la vida cotidiana.

La TCC es útil para los siguientes problemas:

- Ataques de pánico y ansiedad

- Pensamientos intrusivos

- Depresión

- Preocupaciones

- Manejo de la ira

- Problemas de niños y adolescentes

- Síndrome de fatiga crónica

- Dolor crónico

- Cambios de humor

- Hábitos, como tics faciales.

- Trastornos alimentarios

- Trastorno obsesivo compulsivo (TOC)

- Problemas de salud generales

- Adicción a las drogas o al alcohol

- Fobias

- Trastornos del sueño

- Problemas sexuales y de relación.

- Trastorno de estrés postraumático (TEPT)

Terapia Cognitiva Basada en la Atención Plena (TCBAP)

Fundada por Zindel Segal, Mark Williams y John Teasdale, la TCBAP se diseñó inicialmente para tratar la depresión, pero ahora es aplicable a una amplia gama de problemas.

La TCBAP es un tratamiento psicológico que combina técnicas de terapia cognitivo-conductual (TCC) con estrategias de atención plena para ayudar a la gente a comprender y gestionar mejor sus emociones y pensamientos. La TCBAP generalmente ayuda a las personas a aliviar los sentimientos de angustia.

Capítulo Dos: Identificación de los Trastornos de Salud Mental

La Organización Mundial de la Salud nos ha dado una definición clara de una buena salud mental; dice que es un estado de bienestar en el que una persona se da cuenta de sus habilidades, puede trabajar de manera productiva, puede lidiar con el estrés cotidiano y regular de la vida y puede contribuir a su comunidad.

Los trastornos de salud mental incluyen una amplia gama de diversos problemas, con diferentes señales y síntomas, pero se caracterizan por una combinación de sentimientos, comportamientos, pensamientos y relaciones anormales. Ejemplos de trastornos de salud mental son: depresión, esquizofrenia, discapacidades intelectuales y complicaciones debido al abuso de drogas y trastornos de ansiedad. La mayoría de estos trastornos se pueden tratar con éxito.

Los trastornos de salud mental pueden afectar las relaciones, la vida diaria y, a veces, la salud física. Según los expertos, todo el mundo tiene el potencial de desarrollar trastornos de salud mental, independientemente de su edad, grupo étnico, sexo o situación económica.

La terapia cognitivo-conductual (TCC) utilizada sola o junto con otros tratamientos se ha aplicado para tratar varios trastornos de salud mental. Además de tratar los problemas de salud mental, la TCC se puede utilizar para tratar el estrés.

Nos centraremos en identificar algunos de los trastornos de salud mental más comunes, como los trastornos de ansiedad, preocupación y depresión, trastornos del estado de ánimo y esquizofrenia.

Desórdenes de Ansiedad

El trastorno de ansiedad se produce como resultado de un miedo o ansiedad extremos, que pueden desencadenarse por situaciones, sonidos y objetos específicos. Las personas con este trastorno tratan de mantenerse alejadas de los desencadenantes de su angustia.

Algunos trastornos de ansiedad incluyen:

Trastorno de Pánico

Este trastorno ocurre cuando experimenta un terror repentino paralizante o tiene la sensación de un desastre inminente.

Fobias

Estas van desde fobias simples como las fobias sociales (miedo a ser juzgado por los demás) agorafobia (miedo a no poder salir de determinadas situaciones) y miedo desproporcionado a los objetos.

Trastorno Obsesivo-Compulsivo (TOC)

El TOC es un trastorno de ansiedad que se caracteriza por una sensación de intensa urgencia, compulsiones y obsesiones. Por ejemplo, tener un impulso perentorio de lavarse las manos repetidamente.

Trastorno de Estrés Postraumático (TEPT)

El trastorno de estrés postraumático se produce como consecuencia de un suceso traumático cuando alguien experimenta o presencia algo aterrador y horrible. Durante ese evento, es posible que se haya sentido amenazado/a o que no tenía control sobre lo que estaba sucediendo.

Algunas señales y síntomas de la ansiedad incluyen:

Preocupación Excesiva

Uno de los síntomas más comunes de un trastorno de ansiedad es la preocupación. Este sentimiento es normal en la gente, pero aquí, el nivel de miedo frente a una situación está distorsionado o no es proporcional al desencadenante. Este síntoma es una señal de del trastorno de ansiedad si continúa durante seis meses o más y la preocupación se vuelve difícil de controlar, interfiere con sus tareas diarias y le dificulta la concentración.

Sentirse Agitado/a

La sensación de ansiedad provoca una sobreestimulación del sistema nervioso que resulta en una serie de eventos conectados que ocurren en todo el cuerpo, como palmas sudorosas, pulso acelerado, boca seca y manos temblorosas. Todos estos síntomas ocurren cuando el cuerpo cree que está frente a un peligro inmediato, por lo que el sistema nervioso le prepara para ello. La sangre se desvía del tracto gastrointestinal hacia los músculos en preparación para la reacción de lucha o huida. Su frecuencia cardíaca aumenta y todos sus sentidos están alerta. Estos cambios son necesarios para mantenerle a salvo en momentos de peligro real, pero en el caso de los trastornos de ansiedad, la amenaza está en su cabeza. La gente con el trastorno de ansiedad a menudo tiene dificultad para calmar sus sentimientos de agitación.

Ataques de Pánico

Un síntoma principal del trastorno de ansiedad es un ataque de pánico. Este síntoma se manifiesta como una sensación de miedo abrumadora e intensa.

Después del ataque de pánico hay un aumento en la frecuencia cardíaca, dificultad para respirar, temblores, opresión en el pecho, náuseas, sudoración y pérdida del control. Si los ataques de pánico ocurren con frecuencia, entonces puede ser una señal del trastorno de ansiedad.

Problemas para Conciliar el Sueño o Permanecer Dormido/a

Los trastornos del sueño suelen acompañar a los trastornos de ansiedad. Es posible que tenga dificultades para conciliar el sueño y/o permanecer dormido/a. Según algunos estudios, los niños que padecen insomnio tienen un mayor riesgo de desarrollar un trastorno de ansiedad en el futuro. Este síntoma está íntimamente relacionado con la ansiedad y el tratamiento de los trastornos de ansiedad también mejora el sueño.

Inquietud

La inquietud es una señal común de trastorno de ansiedad, especialmente en adolescentes y niños. La gente con este síntoma tiende a estar nerviosa y tiene un impulso incontrolable de moverse. Es posible que este síntoma no se presente en todas las personas con ansiedad, pero es un síntoma esencial de los trastornos de ansiedad. Experimentar inquietud durante más de seis meses es una señal de un trastorno de ansiedad.

Miedos Irracionales

El miedo intenso a ciertas cosas como espacios cerrados, alturas y arañas podría ser un signo de fobia. La fobia es el miedo irracional a una situación u objeto en particular. Este miedo afecta su capacidad para realizar las funciones diarias.

Las fobias comunes incluyen

- Fobia a los animales
- Fobias a situaciones
- Fobia al medio ambiente natural
- Fobia a la sangre/inyecciones/heridas
- Evitar situaciones sociales

Es posible que muestre indicios de trastorno de ansiedad social si siente miedo a los eventos sociales, miedo a ser juzgado o examinado por otros, o miedo a la humillación pública.

Evitar Situaciones Sociales

La ansiedad frente a lo social es común, incluso entre los adultos, en algún momento de su vida. Se desarrolla comúnmente durante la infancia y suele ser común en la adolescencia temprana. Un individuo con este síntoma tiende a parecer extremadamente callado y tímido cuando conoce gente nueva o está en un grupo; aunque puede ocultarlo externamente, en el interior siente mucho miedo y angustia. Algunas personas pueden parecer distantes o vanidosas como resultado de una extremada autocrítica, depresión o baja autoestima.

Dificultad para Concentrarse

La gente con trastornos de ansiedad suele tener dificultades para concentrarse. Según algunos estudios, la ansiedad deteriora la memoria funcional, lo que hace imposible retener recuerdos a corto plazo. Sin embargo, es importante tener en cuenta que no poder concentrarse también es una señal de otros trastornos, como la depresión, por lo que no es un síntoma exclusivo del trastorno de ansiedad.

Depresión

Los sentimientos de infelicidad son diferentes a los de depresión. La depresión es un trastorno de salud mental más complicado. Es un trastorno de salud mental importante que conduce a dificultades para realizar tareas cotidianas sencillas.

Los sentimientos de tristeza forman parte de nuestra vida diaria. Aun así, cuando comienza a experimentar sentimientos como desesperación y desesperanza que no desaparecen, corre el riesgo de caer en una espiral descendente hacia la depresión.

Es fundamental tomar nota de las señales y síntomas que apuntan a la depresión para determinar si son los sentimientos naturales de tristeza por los que la mayoría de la gente tiende a pasar en la vida.

Perspectiva Desesperanzada

Un síntoma primordial de la depresión es la forma en que la gente con este trastorno percibe la vida. Tienen una visión pesimista o sin esperanza de la vida que les impide funcionar. También pueden tener sentimientos de inutilidad, odio a sí mismos y una intensa culpa, creyendo que todo es culpa suya.

Pérdida de Interés

La gente con depresión a menudo no puede sentir placer ni disfrutar de las cosas. Experimentan una pérdida de interés en todo en general, incluso en aquellas cosas que alguna vez amaron. La pérdida del deseo sexual y/o impotencia se asocian principalmente con la depresión.

Mayor Fatiga y Problemas para Dormir

Como resultado de la incapacidad de disfrutar de las cosas que ama, siente una sensación interminable de fatiga. Es posible que sienta falta de energía o tenga una necesidad excesiva de dormir. La depresión también puede estar asociada con el insomnio.

Ansiedad

La depresión y la ansiedad pueden ocurrir simultáneamente y, a menudo, van de la mano. Es fundamental tener en cuenta que no todas las formas de ansiedad son síntomas de depresión. Algunas cosas que pueden estar asociadas con la ansiedad incluyen:

- Sentimientos de pavor
- Frecuencia cardíaca rápida y aumentada
- Respiración nerviosa
- Inquietud y tensión
- Cavilaciones y falta de concentración
- Aumento de la sudoración

Estos síntomas se pueden controlar con la TCC.

Irritabilidad en los Hombres

La depresión tiende a ser diferente en los hombres y mujeres. Los hombres deprimidos suelen tener comportamientos característicos como irritación, abuso de sustancias e ira fuera de lugar. A diferencia de las mujeres, a los hombres con depresión les resulta difícil reconocer la depresión y buscar tratamiento.

Cambios en el Apetito y el Peso

La fluctuación de peso es una de las características principales de la depresión y es diferente de un individuo a otro. En algunos, conduce a un aumento de peso, mientras que, en otros, puede llevar a una pérdida de peso. Se sabe que la depresión afecta el apetito y puede diferir de una persona a otra en cuanto a si la empuja a comer en exceso o no comer para nada.

Sentimientos Incontrolables

Cuando está deprimido/a, puede tener estallidos periódicos de ira. Sus sentimientos pueden estar por todos lados; puede pasar de sentir una intensa ira frente al mínimo desencadenante en un momento, y al siguiente puede encontrarse revolcándose en la autocompasión o llorando sin razón aparente.

Mirando a la Muerte

La principal causa de suicidio es la depresión. Un gran número de gente muere cada año como resultado de una depresión que no se ha tratado. A menudo ven el suicidio como una salida a sus problemas porque, desde su punto de vista, no hay otra salida. Es posible que hablen sobre cuan a menudo consideran quitarse la vida. Si cree que alguien está en riesgo de suicidarse como resultado de la depresión, es fundamental que lo ayude lo antes posible.

Trastornos del Estado de Ánimo

Este trastorno de salud mental se relaciona principalmente con el estado emocional de una persona. El individuo experimenta extremos de altibajos, de felicidad y tristeza, o incluso a veces ambos.

Los seres humanos tienen la capacidad natural de alterar su estado de ánimo en función del entorno que los rodea. Sin embargo, en el caso del trastorno del estado de ánimo, la capacidad para manejar las actividades diarias normales o rutinarias se ve interrumpida y desafiante.

Los síntomas comunes de los trastornos del estado de ánimo incluyen:

- Sentirse triste casi todo el tiempo o casi todos los días
- Sentirse inútil o desesperanzado/a
- Falta de energía o sentirse lento/a
- Aumento de peso o pérdida de peso
- Extremos de apetito (alto o bajo)
- Falta de sueño o quedarse dormido/a
- No le interesan las actividades de las que normalmente disfruta

- Pensamientos frecuentes sobre la muerte o el suicidio

- Dificultad para concentrarse o enfocarse

- Energía de alto nivel

- Habla o movimiento rápido

- Perturbación, malestar o susceptibilidad

- Comportamiento riesgoso, como conducir de forma imprudente o beber en exceso

- Un aumento anormal de la actividad o un impulso atípico de hacer demasiadas cosas a la vez

- Pensamientos encontrados

- Sentirse aprensivo/a o nervioso/a sin motivo aparente

Esquizofrenia

La esquizofrenia es un trastorno mental grave y debilitante en el que la gente tiene una visión distorsionada de la realidad. Suele caracterizarse por alucinaciones, que resultan en la incapacidad para realizar las funciones diarias. Para controlarla, la esquizofrenia requiere tratamientos de por vida. En las primeras etapas, se brinda atención médica para controlar los síntomas y mejorar el estilo de vida.

Las características de este trastorno de salud mental involucran una variedad de problemas emocionales y de comportamiento, y la incapacidad de distinguir la diferencia entre lo que es real y lo que no lo es. Las señales y síntomas comunes varían de persona a persona. Los síntomas como la alteración del habla, las alucinaciones y los delirios provocan una gran dificultad para funcionar con eficacia.

Los síntomas de la esquizofrenia incluyen:

Delirios

La gente con esquizofrenia tiene dificultades para percibir la realidad, ya que algunas de sus creencias son falsas y no se basan en la realidad como la ve la mayoría de la gente. Por ejemplo, la gente con esquizofrenia puede creer que está siendo lastimada y acosada, que se avecina un desastre mayor, que alguien está enamorado de ella, que ha alcanzado una fama excepcional o que ha conseguido el trabajo de sus sueños. La mayoría de la gente con esquizofrenia tiene este tipo de delirios.

Alucinaciones

Las alucinaciones son otra señal importante de esquizofrenia. Implica escuchar y ver cosas que no existen. Este síntoma puede ocurrir en cualquiera de los sentidos, pero el más común es que el paciente oiga voces en su cabeza. El siguiente es ver cosas que no existen.

Pensamientos Desorganizados (habla)

La esquizofrenia también se caracteriza por una expresión descoordinada como resultado de un pensamiento desordenado. Esto dificulta la comunicación y la transmisión de información. "Ensalada de palabras" es el término que se utiliza para describir la situación en la que pronuncian palabras sin sentido al intentar expresarse.

Comportamiento Motor Extremadamente Desorganizado o Anormal

La gente con esquizofrenia también puede exhibir necedad como la de un niño y agitación compulsiva. Les resulta difícil realizar las tareas, ya que pierden la noción de la meta o el propósito de un trabajo determinado. Otros comportamientos comunes incluyen la resistencia a las instrucciones, las posturas extrañas, los movimientos excesivos e improductivos y la negativa a responder mientras se les habla.

Síntomas Negativos

Este síntoma se caracteriza por la incapacidad de funcionar correctamente. Por ejemplo, parecer sin emociones (no hacer contacto visual, no tener expresión facial y hablar en un tono monótono). La gente con esta afección experimenta una pérdida de interés en diversas actividades, aislamiento social e incapacidad para sentir placer.

Con el tiempo, la persona experimenta períodos de síntomas intensificados y períodos de remisión; sin embargo, algunos síntomas pueden persistir con regularidad.

Para los hombres, los estudios muestran que la esquizofrenia generalmente comienza entre los primeros y mediados de los veinte, mientras que, para las mujeres, generalmente comienza a finales de los veinte. La esquizofrenia es poco común en niños y en personas mayores de 45 años.

Síntomas en Adolescentes

Aunque los síntomas de la esquizofrenia son los mismos en adultos y adolescentes, los síntomas son más difíciles de reconocer en los niños. Esto se debe a que los primeros síntomas son similares al comportamiento esperado de los adolescentes en general, por lo que la esquizofrenia en los adolescentes puede pasar desapercibida durante algún tiempo. Algunos de estos síntomas incluyen:

- Mantener distancia de amigos y familiares
- Rendimiento reducido en la escuela
- Alteración del sueño
- Mal humor
- Sensación de no hacer nada

En comparación con los adultos esquizofrénicos, los adolescentes tienen menos probabilidades de tener delirios y más probabilidades de tener alucinaciones visuales.

Los síntomas graves como el shock extremo, la pérdida de control, la pérdida de contacto con la realidad, las alucinaciones, la necesidad de autolesionarse y los pensamientos suicidas en los trastornos de salud mental se consideran señales de alerta psicológicas. Si por casualidad nota alguno de estos síntomas, debe buscar ayuda profesional de inmediato.

Capítulo Tres: Establecimiento de Metas: Su Punto de Partida Para el Bienestar Mental y Emocional

El método de la TCC tiene su fundamento basado en la colaboración entre usted y el terapeuta para diseñar estrategias y estructura para mantener el enfoque. En otras palabras, la TCC está diseñada para estar orientada a objetivos. El objetivo es hacer que el motivo de la terapia sea relevante para usted. El terapeuta enfatiza el objetivo para brindarle una visión clara de lo que desea en lugar de lo que cree que desea.

La Relación Terapéutica en la TCC

En la TCC, la relación de colaboración entre usted y el terapeuta es importante; se la conoce como una "relación terapéutica". En esta relación, el terapeuta actúa más como un mentor o guía que como un instructor en otros tipos de terapias donde se le dice qué hacer. En la TCC, el terapeuta actúa en un papel de apoyo, presionándole y alentándole a explorar nuevas opciones sobre cómo controlar su proceso de pensamiento para manejar su comportamiento y sentimientos. Esta relación juega un papel vital a medida que trabaja con el terapeuta para llegar a metas realistas para determinar lo que espera lograr.

Cómo Funcionan las Metas

Crear metas le ayuda a concentrarse en lo que es relevante y esencial. También le ayuda a desarrollar una visión del lugar en el que quiere estar en su vida, o cómo le gustaría idealmente que fuera su vida. Fijar una meta aumenta su esfuerzo o disminuye su energía en actividades específicas para ayudarle a idear estrategias para lograr la meta.

Generalmente, el establecimiento de metas en salud mental es un paso esencial que se utiliza para recuperarse de cualquier problema de salud mental común, como la ansiedad y la depresión. La terapia cognitivo-conductual es el primer paso para superar estos problemas.

Aproximación a las Metas

Hay muchas formas o caminos diferentes para establecer metas. En la TCC, la forma "S.M.AR.T." es una de las estrategias más utilizadas. Este método le brinda una imagen clara y vívida de su objetivo o de lo que espera lograr. Le ayuda a mantener su celo o motivación para lograr su propósito. A continuación, se muestra el significado completo del acrónimo " S.M.AR.T.".

S-Specific-específico

Ser específico significa que su objetivo es claro y se centra en lo que quiere. Esto asegura que evita la generalización y aumenta las posibilidades de lograr su objetivo deseado.

M-medible

Tener un objetivo medible le permite crear márgenes cuantitativa y cualitativamente para lo que desea. Le brinda un criterio concreto para lograr cada objetivo establecido. Necesita preguntarse, "¿Cuántos?" y "¿Cuánto?" y "¿Cómo sabré cuándo se ha alcanzado mi meta?".

A-Alcanzable

Sus metas deben ser alcanzables y factibles. Preguntas como "¿Cómo va a lograr sus objetivos?" y "¿Qué puede hacer para que pueda alcanzar sus objetivos?" necesita que se lo pregunte.

R-realista

Este es uno de los aspectos más importantes del establecimiento de metas. Sus metas deben estar dentro del límite de lo que cree que puede hacer dentro del marco de tiempo que se ha dado ¿Es alcanzable el objetivo dadas sus circunstancias actuales? Aunque establecer grandes metas puede servir para motivarle a trabajar duro, puede ser decepcionante cuando no se alcanzan porque se establecen demasiado más allá de sus capacidades. Esto puede hacer que se sienta aún peor.

T-Timely-oportuno

El plazo para lograr cada objetivo debe estar dentro de un límite realista. Este le ayuda a evitar la postergación que podría llevarle a renunciar a sus objetivos.

A continuación, se muestran dos ejemplos de cómo lograr sus objetivos con este enfoque en TCC

Una persona que actualmente no hace ejercicio tiene el deseo de hacerlo con frecuencia. Lo que podría armar usando el enfoque SMART (del inglés, INTELIGENTE).

S-Specific (Específico): cada 20 minutos, trotaré por el parque cercano.

M- Medible: llevaré un diario o registraré la cantidad de veces que salgo a correr y durante cuánto tiempo.

A-Alcanzable: le pediré a un amigo que se me en cada trotada para estar obligado a salir.

R-Realista: 20 minutos es tiempo más que suficiente para tener un buen trote matutino por el parque, así que es suficiente para calentar los músculos, y con mi amigo, conmigo, la carrera será súper divertida.

T-Timely-Oportuno: mantendré esta rutina durante un mes, y después de eso, haré una revisión de cuánto éxito he tenido en lograr este objetivo.

El segundo ejemplo es el de Miguel, quien experimenta ataques de pánico como resultado de una ansiedad severa. Los logros académicos de Miguel se ven muy afectados como resultado del estrés, a pesar de que es un buen estudiante. Finalmente termina la universidad y comienza a trabajar, y ahora lidia con la ansiedad y los ataques de pánico ocasionales cuando interactúa con sus colegas. Decide fijarse el objetivo de idear una forma de lidiar con un trastorno de ansiedad para mejorar su salud mental. Aplicando el método inteligente, esto es lo que se le ocurre:

S-Specific Específico: ha llegado a la conclusión de que necesita reducir sus sentimientos de ansiedad y disminuir sus ataques de pánico.

M-Medible: para que su objetivo sea más medible, decide llevar un registro diario de su estado de ánimo y calificar el nivel de ansiedad en una escala de 1 al 10. Hará esto cada vez que experimente el menor indicio de un ataque de pánico. Esto es para que pueda obtener los datos que necesita para determinar si hay algún cambio con el tiempo.

A-Alcanzable: el objetivo de volverse menos ansioso y más seguro es uno que mucha gente ha logrado, por lo que es un objetivo bastante fácil de lograr.

R-Realista: la meta es realista y está dentro de los límites de su poder. Después de buscar ayuda y recopilar la información necesaria a través de Internet y otros medios de investigación, confirmó que su objetivo es alcanzable. Encontró un terapeuta y le aconsejaron que, aunque su objetivo era posible, requiere mucho trabajo personal, pero puede reducir la tasa y el nivel de ansiedad que siente a niveles manejables.

hora

Con el mantenimiento de registros diarios, espera ver cambios notables para cuando analice sus datos después de un año y medio. En ese momento, espera sentirse más seguro al enfrentar más desafíos en el lugar de trabajo.

En estos ejemplos, ambas personas pudieron llegar a una meta bien pensada respaldada por un plan que era realista y estaba dentro de los límites alcanzables. Con el tiempo, ambos objetivos tienen muchas posibilidades de convertirse en realidad. El enfoque SMART le proporciona un plan paso a paso que le brinda la ruta más cómoda posible para lograr su objetivo.

Papel de la Tarea en Casa para Lograr Sus Metas

Como se mencionó en el Capítulo Uno, la tarea en el hogar es un aspecto esencial de la TCC. Es seguir la estrategia y el plan establecidos para hacer realidad su objetivo. Si desea mejorar y mejorar su salud mental, esta parte de la TCC es imprescindible.

Las actividades o asignaciones dependerán principalmente de la relación terapéutica entre usted y el terapeuta. Después de cada sesión, usted y el terapeuta idean trabajos que le brindarán oportunidades para poner en práctica lo que ha ganado hasta ahora en las sesiones. La terapia en sí es un escenario excelente para obtener información útil que quizás no haya podido ver sin una guía. Básicamente, el propósito de estas asignaciones es alinear y poner en práctica las cosas que ha aprendido. Esto le ayuda a obtener experiencias de la vida real y a comprender cuánto puede mejorar en el control de sus pensamientos y comportamientos.

Además de hacer estas asignaciones entre sesiones, también tendrá que mantener un registro de sus hallazgos en la hoja de trabajo de la TCC.

Un ejemplo de una asignación es mantener registros de sus pensamientos en respuesta a ciertas situaciones diferentes para ayudarle a identificar esos objetos, cosas, ubicaciones que sirven como desencadenantes de procesos de pensamiento específicos no saludables.

Pasos Para Alcanzar sus Metas

Desglose de metas

Si su objetivo consta de muchas partes funcionales, dividirlo en segmentos más pequeños no es una mala idea. Le permite tener una sensación de logro que mantiene su enfoque y, por lo tanto, no tiene que sentirse abrumado.

A veces, los objetivos de la gente con un problema de salud mental son ambiguos e inespecíficos, como:

Quiero sentirme más feliz

Quiero sentirme mejor conmigo mismo y ganar confianza en mí mismo

Necesito dejar de estar ansioso todo el tiempo y relajarme más

Todos estos objetivos son ambiciosos y no tienen nada de malo. Sin embargo, no son lo suficientemente específicos. Son demasiado amplios porque no sabe por dónde empezar; ¿qué hace?, ¿cómo los logra y cómo sabe hasta dónde ha llegado para lograr la meta? Estas son preguntas que debe hacerse.

Para ayudarle a establecer una meta razonable y realista, a continuación, se presentan algunos pasos que le ayudarán a dividir su meta en metas alcanzables más pequeñas.

El primer paso es preguntarse a sí mismo: ¿cómo quiere vivir su vida una vez que logre la meta?

Con esta pregunta, se acerca un paso más a lograr el estado mental deseado, aunque no ayuda mucho a librarse de la ansiedad, la baja autoestima o la depresión. Algunas preguntas que puede hacerse en esta etapa son:

¿Qué quiere experimentar para sentirse mejor consigo mismo?

¿Qué afirmaciones comenzaría a hacer cuando haya logrado aumentar la confianza en sí mismo?

¿Qué compromisos tendrá con su mayor confianza en sí mismo ¿Cuál será su enfoque de la vida?

El siguiente paso es encontrar respuestas reales a sus preguntas

Deberá reconocer pensamientos y comportamientos específicos como guías. A continuación, se presentan algunas respuestas probables:

-Si soy más feliz, puedo pasar más tiempo con mis amigos y colegas. Tendré al menos tres salidas sociales con ellos/ellas como señal de que me siento más satisfecho/a.

-Cuando hablo conmigo mismo, me felicitaré por manejar ciertas situaciones. Me sentiré orgulloso de mí mismo por tener esas salidas sociales y por ser más feliz.

Establezca un marco de tiempo para alcanzar sus metas

Deberá realizar un seguimiento y registrar su progreso de forma diaria o semanal. Tendrá que llevar un registro de cuántas veces sale con tus amigos (as) y cuántas veces se felicita por un trabajo bien hecho, así como registrar las cosas que le impidieron alcanzar sus metas.

La verificación de rutina le permite ver su progreso y medir cuán lejos ha llegado o cuan cerca está de lograr su objetivo. También necesitará encontrar una manera de felicitarse por celebrar sus logros después de cada control de rutina. Esto servirá para aumentar la confianza en usted mismo/a.

Tómese un descanso para ver cuánto ha progresado

Tómese un breve descanso para mirar hacia atrás y ver cuánto progreso ha logrado para que pueda ver el panorama general. Al examinar los datos, preste atención a la constancia con la que ha podido cumplir sus objetivos ¿Se siente diferente a como se sentía antes? Estas preguntas le ayudarán a determinar qué ha estado haciendo bien y si hay algo que debería hacer de manera diferente. Esta reflexión crea espacio para que analice su rutina recién formada de patrones de comportamiento para que pueda ver si afectará su estilo de vida y le permitirá apreciar cuán lejos que ha llegado en el logro de sus objetivos.

Es posible que experimente algunos obstáculos que se interpongan en el camino para lograr su objetivo. Uno de los factores importantes de las asignaciones de la TCC y de mantener un registro de su progreso es permitirle reconocer los obstáculos que lo frenan. Esto le permite idear estrategias efectivas para abordarlos. Por ejemplo, puede descubrir nuevas formas de calmarse durante un ataque de pánico trayendo pensamientos útiles que sirvan para calmarle y estabilizarle. La identificación de estos obstáculos también le ayuda a encontrar métodos para ignorar y abandonar patrones de pensamiento específicos que le impiden alcanzar sus metas.

Establecimiento de objetivos y uso de un libro de trabajo

Un libro de trabajo para establecer metas es la herramienta perfecta para ayudar a alguien a lograr sus sueños y metas. Le permite realizar un seguimiento de su progreso y anotar las cosas en papel. Un libro de trabajo le permite:

Mantener un registro de todos sus logros

Llevar un registro de las cosas que quiere evitar hacer

Identificar las barreras que le impiden alcanzar su objetivo

Llevar un registro de las cosas que le ayudarán a superar determinadas situaciones

Establecer metas a largo y corto plazo

Reconocer áreas que necesitan mejoras

Pensar en rutinas más saludables

Capítulo Cuatro: Ansiedad y Preocupación: Técnicas de la TCC para reducir ambas AHORA

El estrés y las preocupaciones van en aumento en nuestra vida diaria. Estar siempre conectado a las noticias, las redes sociales y otros aspectos de Internet ha servido para aumentar los riesgos de ansiedad y preocupación. La mayor presión para lograr más y la incertidumbre sobre nuestras finanzas y nuestra carrera también han contribuido a aumentar el miedo en la vida de la gente. Ahora la gente se entrena a sí misma en el acto de realizar múltiples tareas para hacer más trabajo y satisfacer las necesidades diarias, y esto solo ha fomentado la ansiedad. La salud mental de la población en general está en riesgo; ahora más que nunca, la necesidad de encontrar una solución a los problemas creados por nuestra sociedad es cada vez mayor.

La mayoría de las veces, la preocupación excesiva, conduce a la ansiedad. Alguna gente argumenta que preocuparse les ayuda a prepararse para lo inesperado y, si bien esto puede ser cierto para ciertas personas, para otras solo les genera más problemas.

La ansiedad, la preocupación, los pensamientos obsesivos y los ataques de pánico se pueden tratar. Estos problemas de salud mental y otros similares pueden manejarse a un nivel que le permita llevar una vida saludable. Aunque los medicamentos para la ansiedad son bastante útiles para controlar el estrés y la preocupación, solo llegan hasta el punto de tratar los síntomas. La terapia de la ansiedad es el camino de tratamiento más eficaz para la ansiedad, el miedo excesivo y los ataques de pánico porque, a diferencia de los medicamentos, la terapia llega tan lejos como para abordar la causa subyacente del problema de salud mental. Le ayuda a descubrir las raíces de sus preocupaciones y miedos al mismo tiempo que le ayuda a idear estrategias sobre cómo superarlos. Le muestra cómo mirar las causas de sus preocupaciones y ansiedad de forma menos aterradora.

Existen diferentes tipos de trastornos de ansiedad, y cada uno es considerablemente diferente de otro. Esto significa que la terapia particular asignada a cada uno debe diseñarse para el diagnóstico y los síntomas específicos. El plan de tratamiento para los ataques de ansiedad será diferente al de una persona con trastorno obsesivo compulsivo (TOC). La duración del tiempo necesario para la terapia también dependerá del tipo y la gravedad del trastorno de ansiedad.

Se han aplicado muchas técnicas y tipos de terapia para tratar el trastorno de ansiedad y la preocupación excesiva, pero el enfoque más eficaz es la terapia cognitivo-conductual (TCC). A veces, la TCC se utiliza junto con otras técnicas de terapia necesarias, según las necesidades del individuo.

Debe determinar si su preocupación es simplemente la preocupación habitual que todos tienen o es excesiva hasta el punto de impedirle llevar una vida saludable. La autoevaluación es esencial para determinar si su ansiedad es un problema de salud mental. Puede comenzar por hacerse las siguientes preguntas.

Posibilidades de que sus Preocupaciones se Hagan Realidad

¿Cuáles son las posibilidades de que suceda lo que le preocupa?

Necesita reconocer lo que le causa ansiedad y miedo. Por ejemplo, si está destinado a pronunciar un discurso, es posible que le preocupe que la gente se burle y se ría de usted. Si le preocupa reunirse con alguien, es posible que tenga miedo de lo que la persona pueda decir o que lo rechacen. Si su preocupación está relacionada con cometer errores en el trabajo, es posible que le preocupe que le despidan.

Tiene que poder descubrir qué le asusta si quiere tener alguna esperanza de superar la ansiedad. La mayoría de las veces, reconocer lo que le aterra le hará darse cuenta de lo infundado que es su miedo.

Después de determinar la fuente de su miedo, debe determinar la probabilidad de que su preocupación se cumpla. Debe analizar lógicamente las veces que ha estado en una situación similar y determinar la cantidad de veces que se ha cumplido el peor de los casos que predice su miedo. Por ejemplo, ¿cuál es la probabilidad de que la gente se burle de usted mientras da un discurso? ¿Hay cosas que pueda hacer para disminuir la probabilidad de que esto suceda? Todas estas preguntas pueden hacerle darse cuenta de que existen formas reales de influir favorablemente en la situación.

¿Es Posible el Mejor de los Escenarios?

A veces, la gente supone el peor escenario cuando se trata de casi todas las situaciones. Se ha convertido en experta en imaginar lo peor en todo y, como resultado, se ha olvidado de que es posible algo contrario a el escenario imaginado. Está bien considerar el peor de los escenarios del peor de los casos, e incluso podría resultar útil, pero cuando nos olvidamos de los mejores escenarios en cada situación, es posible que estemos llevando nuestras preocupaciones demasiado lejos. Debe determinar los dos posibles extremos de un escenario y luego considerar el más probable. La mayoría de las veces, su mente deriva hacia los escenarios más extremos, mientras que, en la mayoría de los casos, eso no sucede. Si tiene dificultades para determinar el escenario más probable, le vendría bien imaginar una situación como una mezcla de bien y mal.

¿Cuántas Veces Ha Sucedido lo que Predijo?

Esta es otra forma útil de determinar si su preocupación real vale la pena al hacer un recuento de cuántas veces se hizo realidad el peor de los casos previstos. Si todavía está bien, a pesar de haberse visto en una situación similar tantas veces a lo largo de los años, esto podría significar que su preocupación no tiene fundamento. Incluso si el peor de los escenarios ha sucedido antes, puede comparar la cantidad de veces que sucedió con las veces que no. Esto podría hacer que se dé cuenta de que su miedo puede ser innecesario.

¿Qué Puede Hacer Para Afrontar la Situación, Incluso Si lo Peor Se Hace Realidad?

La mayoría de las veces verá que su preocupación parece ir solo hacia el peor de los casos. Lo que viene después de eso parece no ser lo que nos preocupa. Puede ser útil agregar "¿Qué sucede después?" a su lista de preocupaciones. Esto podría ayudarlo a descubrir qué hará para sobrellevar si ocurre el peor de los casos. Si se ríen o se burlan de usted cuando pronuncia su discurso, ¿irá a casa y se sentará frente al televisor todo el día o tal vez dormirá todo el día? Cualquiera que sea el caso, si puede extender su preocupación hacia la imaginación de una estrategia de afrontamiento, se dará cuenta de que se sentirá bien incluso después del peor de los escenarios.

¿De qué Sirve preocuparse Por lo que Pasa frente a Cada Situación?

Esta es la última pregunta que debe examinar. ¿Preocuparse por la situación cambia el resultado? ¿Le ayuda a manejar mejor el resultado o solo empeora las cosas? A veces, la preocupación puede servir para animarle a afrontar la situación y prepararse mejor. Pero demasiada preocupación puede hacer más daño que bien. Por ejemplo, podría interferir con sus preparativos para un acontecimiento; podría terminar creyendo en el peor de los escenarios en lugar de mirar los hechos. No importa cuánto se preocupa frente a la situación específica, el resultado no puede verse influenciado por ello. Entonces, en lugar de preocuparse, también podría dedicar su tiempo a hacer cosas para prepararse mejor. Su preocupación puede ser contraproducente, pero al enfocar su mente y entrenar su cerebro para abordar una preocupación específica, será menos probable que su ansiedad y preocupaciones se apoderen de usted.

Este método de autoexamen para determinar si su preocupación y ansiedad le están haciendo más daño que bien se deriva de la terapia cognitivo-conductual. Se ha demostrado que la TCC es el método de terapia más eficaz para los trastornos de ansiedad y preocupación obsesiva.

Tratamiento de la Ansiedad y la Preocupación Obsesiva con la TCC

La TCC se basa en el hecho de que nuestros comportamientos y sentimientos dependen de nuestros pensamientos. La gente con trastornos de ansiedad tiene una forma de pensar negativa que le sirve como fuente de emociones negativas, miedo y ansiedad. El tratamiento con la TCC de la preocupación y la ansiedad le ayuda a reconocer esos patrones de pensamiento negativos y a corregirlos.

La TCC para la Ansiedad: Pensamientos a Desafiar

Esto se conoce como reestructuración cognitiva. En este proceso, el patrón de pensamiento negativo y las creencias del individuo con un trastorno de ansiedad se desafían y se reemplazan con pensamientos más realistas y positivos.

Este proceso tiene lugar en tres pasos.

Reconocer sus pensamientos negativos

La gente con trastornos de ansiedad a menudo ve la situación específica como más peligrosa de lo que realmente es. Por ejemplo, individuos con fobia a los gérmenes pueden tener miedo de tocar la manija de una puerta, ya que podrían verse como una amenaza para sus vidas.

A veces es difícil reconocer o identificar sus pensamientos y miedos irracionales. Una forma de lograrlo es preguntarse cuáles eran sus pensamientos cuando se sentía ansioso/a o preocupado/a.

Desafiar o abordar sus pensamientos negativos

Este es el segundo paso e implica trabajar con el terapeuta para idear estrategias para lidiar con los factores desencadenantes del pensamiento que desencadena su ansiedad. Para hacerlo, tendrá que presentar evidencia de su patrón de pensamiento negativo. Puede obtener evidencia analizando sus creencias distorsionadas y poniendo a prueba su predicción negativa. El terapeuta le ayudará a encontrar tareas que le permitirán hacer esto y dejarte experimentar con las ventajas y desventajas de varias estrategias, así como también le ayudará a medir de manera realista la probabilidad de que se cumpla su peor escenario imaginado.

Reemplazar creencias y pensamientos negativos por positivos y realistas

Una vez que se identifican los miedos irracionales y los sentimientos negativos que desencadenan su ansiedad, se pueden reemplazar o modificar por otros más positivos y realistas. Esto se hace con la ayuda de su terapeuta, quien actuará como su guía para calmarle cuando ciertas situaciones desencadenen sus ataques de ansiedad y pánico.

Para que comprenda mejor el desafío del pensamiento con la TCC, consideremos este ejemplo.

Juan tiene miedo de tomar un transporte público porque tiene miedo de morir en un accidente de vehículos. Después de que el terapeuta de Juan reconoció estos pensamientos negativos, le pidió a Luan que escribiera sus pensamientos para identificar las diversas distorsiones y errores en su pensamiento. A continuación, se muestra lo que se le ocurrió:

1. Pensamiento Negativo Persistente/Desafiante:

¿Qué pasa si tengo un accidente y muero mientras utilizo un sistema de transporte público?

Distorsión cognitiva:

Predecir el peor de los casos.

Pensamiento más realista:

Muchos de mis amigos y familiares que todavía están vivos utilizan el sistema de transporte público, por lo que no debe ser tan inseguro como creo.

2. Segundo pensamiento negativo:

Morir en un accidente de transporte es una forma terrible de morir.

Distorsión cognitiva:

No pensar con claridad.

Pensamiento más realista:

Hay muchas formas de morir; los accidentes de transporte son solo uno de los tantos; además, incluso el transporte privado puede verse involucrado en un accidente de tránsito.

3. Tercer pensamiento negativo:

Incluso podría morir simplemente viajando en cualquier tipo de transporte público.

Distorsión cognitiva:

Saltando a conclusiones.

Pensamiento más realista:

La gente no muere simplemente por subir al transporte público.

El proceso de reemplazar los pensamientos negativos distorsionados por otros más positivos y realistas no es una tarea fácil. Estos pensamientos distorsionados se han programado en la mente del individuo en cuestión y se han convertido en un patrón de pensamiento que puede durar toda la vida. Se necesita mucho trabajo para romper cualquier hábito. la TCC trabaja de la mano con la tarea que se le da para que sea más fácil lograrlo. La TCC para la ansiedad también incluye:

- Lecciones que le ayudarán a reconocer cuándo se pone ansioso por el efecto en su cuerpo.
- Estrategias de afrontamiento para ayudarlo a relajarse cuando se enfrenta a ataques de ansiedad y pánico.
- Desafiar sus miedos (tanto imaginarios como reales).

Un sistema de tareas o asignaciones que facilita la recuperación de los trastornos y preocupaciones mentales se conoce como terapia de exposición.

Terapia de Exposición

Una situación en la que desencadena la ansiedad suele ser desagradable y la gente con trastornos de ansiedad hace todo lo posible para evitarla en la medida de lo posible. Por ejemplo, si tiene miedo a las alturas o los vuelos en avión, hará todo lo que esté a su alcance para evitar meterse en cualquier situación que los involucre. Para aquellos con fobia a hablar en público, incluso podrían llegar a evitar hablar en la boda de su mejor amigo. En la medida en que estas situaciones pueden ser desagradables, pueden ser un aspecto importante de la vida, y evitarlas le quita la oportunidad de superarlas. Y cuanto más las evita, más fuertes se vuelven.

La terapia de exposición tiene como objetivo ponerle en contacto con esas situaciones y objetos aterradores. Se basa en la teoría de que, con la exposición repetida, se acostumbrará a estas situaciones y tendrá más control de sus ataques de ansiedad y pánico. Hay dos formas de lograr la terapia de exposición.

- Que su terapeuta le pida que imagine estos objetos y situaciones aterradores en las sesiones.
- Afrontar estas situaciones en la vida real, para que pueda aplicar lo que ha ganado en las sesiones de terapia.

Desensibilización Sistemática

A veces, enfrentar sus miedos de inmediato puede conducir a resultados devastadores. La terapia de exposición generalmente comienza con situaciones que desencadenan ansiedades y preocupaciones leves. Trabaja gradualmente desde allí hacia situaciones más peligrosas. Este proceso de exposición gradual se conoce como desensibilización sistémica. Le permite desarrollar tolerancia y confianza para dominar el control de su ansiedad.

Por ejemplo, el proceso de desensibilización sistémica por miedo a los vuelos en avión implica:

Paso 1: mirar una foto de aviones

Paso 2: ver videos de aviones en vuelo

Paso 3: ver despegar un avión real

Paso 4: reservar un billete de avión

Paso 5: conducir al aeropuerto

Paso 6: registrarse para su vuelo

Paso 7: subirse a su avión

Paso 8: tomar el vuelo

La desensibilización sistemática ocurre en tres fases

Aprender habilidades de relajación

El primer paso involucrado en la desensibilización sistémica es aprender a relajarse en aquellas situaciones que desencadenan su ansiedad. Con la ayuda de su terapeuta, se le enseñarán técnicas relajantes como relajación muscular y respiración profunda. Estas técnicas se han de practicar tanto en casa como en las sesiones de terapia. Estas técnicas ayudarán a reducir los síntomas físicos (sudoración, hiperventilación y temblores) de sus ataques de ansiedad mientras afronta sus miedos.

Crear una lista paso a paso

Se creará una lista de aquellas situaciones que desencadenan su ansiedad para guiarle hacia su objetivo. Se elaborará una lista de acciones para superar el miedo ante cada situación para brindarle una guía y una estrategia. Cada paso debe ser específico con un objetivo realista y medible.

Hacer que la terapia de ansiedad funcione para usted

La ansiedad requiere mucho tiempo y reflexión, además de compromiso. El tratamiento con TCC requiere que enfrente sus miedos y, a veces, puede terminar sintiéndose peor antes de mejorar. Pero cualquiera que sea el caso, ceñirse al plan de tratamiento y escuchar a su terapeuta es fundamental para su éxito.

Capítulo Cinco: Lidiar con la Depresión: Consejos de la TCC para Sentirse Mejor al Instante

A veces, la vida puede complicarse por lo que es perfectamente normal sentirse deprimido ocasionalmente. Sentir que todo está en su contra de vez en cuando es un sentimiento demasiado común y una de las características del ser humano, especialmente en la sociedad actual. Según un informe de la Asociación Estadounidense de Ansiedad y Depresión, 14.6 millones de personas viven con trastornos depresivos graves.

Hoy en día, muchas personas trabajan más horas solo para recibir el mismo salario; algunos tienen que lidiar con demasiadas facturas o problemas de relaciones personales. Otra gente está lidiando con problemas de adicción como el alcohol y las drogas. Todo el mundo tiene muchos problemas y no todo el mundo está al cien por cien todo el tiempo. Pero cuando sus sentimientos están en su punto más bajo todo el tiempo en la medida en que afectan su vida diaria, o experimenta sentimientos de desesperación que simplemente no desaparecen, es posible que esté experimentando depresión. La depresión es un lugar oscuro y solitario que puede hacer que el funcionamiento diario sea un desafío. Algunos días se siente abrumado y el único consuelo que puede encontrar es en el alcohol y las drogas.

Si se encuentra en este lugar en este momento y siente que nadie viene a salvarlo, la buena noticia es que puede ayudarse a sí mismo. Se ha demostrado que la TCC es extremadamente útil para ayudar a la gente que vive con depresión.

Tipos de depresión

Muchas personas experimentan varios tipos de depresión. Estos diferentes tipos de depresión se pueden experimentar juntos o además de un problema de adicción; cualquiera que sea el caso, la TCC es útil para tratar muchos tipos de depresión.

Depresión mayor

Este tipo de depresión ocurre cuando ha experimentado cinco o más síntomas de depresión durante al menos dos semanas. La depresión mayor a menudo debilita e interfiere con una función diaria adecuada, como trabajar, dormir, comer y estudiar. Puede experimentar episodios de depresión mayor varias veces en su vida. A veces, pueden ocurrir como resultado de sucesos traumáticos como la muerte de un ser querido o la ruptura de una relación.

Trastorno bipolar

Las personas con este tipo de depresión experimentan síntomas de cambios de humor. Se trata de un ciclo que va desde sentimientos de felicidad leve a intensa (euforia) hasta episodios de depresión extremadamente abrumadora.

Trastorno depresivo persistente (TDP)

Este tipo de depresión se conocía anteriormente como distimia. La TDP ser un tipo menos grave de depresión mayor, aunque sus síntomas suelen ser similares a los de la depresión mayor. La gente con este tipo de depresión suele experimentarla durante al menos dos años.

Algunos síntomas del TDP incluyen estrés, irritabilidad y la falta general de capacidad para disfrutar de la vida.

Señales y Síntomas de Depresión

A menudo, a la gente le preocupa estar experimentando depresión. Debido a que mucha gente a menudo se siente triste de vez en cuando, es esencial poder distinguir entre experimentar depresión y simplemente lidiar con un breve período de tristeza. La depresión generalmente se puede identificar por la pérdida de interés en la vida en general y la incapacidad para realizar las funciones diarias de manera efectiva. Las siguientes señales y síntomas generalmente definen la depresión.

- Pérdida de interés en las cosas de las que solía disfrutar

- Constantes sentimientos de impotencia y desesperanza

- Cansancio inexplicable

- Incapacidad para concentrarse, incluso cuando la tarea es fácil

- Cambio en el apetito, ya sea comiendo más o menos

- No pensar en algo positivo

- Agresividad, irritabilidad y mal genio

- Beber más alcohol de lo habitual

- Engancharse en un comportamiento imprudente

- Uso excesivo de drogas prescritas o ilegales

- Sentimientos de culpa e inutilidad, o autodesprecio

Experimentar todos estos síntomas es un signo seguro de depresión, y una de las mejores opciones de tratamiento disponibles hoy en día es la TCC.

Terapia Cognitivo-Conductual para la Depresión

Tener un buen conocimiento de los síntomas y poder identificarlos es el primer paso para la recuperación; a veces a mucha gente le resulta difícil identificar las señales de depresión.

El siguiente paso es conocer los diversos planes de tratamiento eficaces para la depresión.

La terapia cognitivo-conductual es una psicoterapia que ayuda a modificar los patrones de pensamiento para cambiar los estados de ánimo y los comportamientos negativos por otros más positivos.

El tratamiento de la depresión con la TCC aplica tanto terapia cognitiva como conductual. Con la ayuda de su terapeuta, podrá identificar esos patrones de pensamiento negativos que desencadenan respuestas conductuales inapropiadas frente a ciertas situaciones.

El plan de tratamiento sigue un patrón estructurado para guiarle en la elaboración de estrategias que le ayuden a lidiar con aquellas situaciones que sirven como desencadenantes. Estas estrategias ayudan a controlar o eliminar su depresión. La TCC tiene como objetivo mejorar su estado mental actual en lugar de lidiar con el pasado.

Como ocurre con la mayoría de las enfermedades mentales, el tratamiento de la depresión con TCC es una tarea difícil. Para ayudarle, a continuación, encontrará algunas pautas que leo ayudarán a prepararse para el tratamiento.

Terapia

Dado que la TCC es un método de tratamiento orientado a objetivos, no requiere tanto tiempo como otros métodos de tratamiento. Las sesiones de terapia pueden ser una vez a la semana y pueden durar 30 o 60 minutos.

El primer conjunto de sesiones de terapia se utilizará para determinar si necesita el tratamiento o es apto/a para él y para saber si se siente confortable con el procedimiento.

Aunque el enfoque principal del tratamiento de la TCC es su vida presente, su terapeuta necesitará algo de comprensión de su pasado, por lo que se le hará algunas preguntas sobre su historia y antecedentes.

Usted tomará la decisión final sobre los cambios que desee. Además, usted y el terapeuta tomarán las decisiones sobre lo que quieren discutir cada día.

Tratamiento TCC para la Depresión

Con la ayuda de su terapeuta, cada uno de sus problemas se dividirá en partes más pequeñas y manejables. Cada parte se tomará por separado y se resolverá siguiendo el plan trazado. Se le pedirá que lleve un registro de sus pensamientos, emociones, sentimientos y patrones de comportamiento para poder identificarlos y modificarlos.

El registro ayudará a su terapeuta a determinar cómo esos pensamientos, sentimientos y emociones le están afectando, y a ver cuáles de ellos pueden ser irreales y distorsionados. Luego, trabajará con su terapeuta para idear estrategias sobre cómo enfrentarlos y luego modificarlos gradualmente.

Usted y su terapeuta trabajarán juntos para elaborar tareas o asignaciones que le ayudarán a practicar y aplicar lo aprendido en las sesiones.

Las sesiones de terapia adicionales le brindarán la oportunidad de ver cuánto progreso se ha logrado hasta ahora con respecto a la sesión anterior y ver qué tan bien se logró la última asignación.

A diferencia de otros tipos de psicoterapia, el tratamiento con TCC requiere una buena relación entre el terapeuta y usted, por lo que todas las decisiones que se tomen se tomarán en conjunto.

Durante el procedimiento, frente a frases que signifiquen una orden el terapeuta no le obligará a elegir.

Incluso después de que haya terminado con las sesiones, puede continuar aplicando estas estrategias; esto le permite estar sano durante tantos años como sea posible.

Cómo Funciona la TCC para la Depresión

Una de las características únicas de la TCC es que requiere menos tiempo, tomando tan solo de 6 a 20 sesiones.

Durante cada sesión, usted y su terapeuta identificarán situaciones que contribuyen a la depresión y tratarán de abordar esos patrones de pensamiento. Las notas o diario que se utiliza para llevar registros ayudan a su terapeuta a dividir esas reacciones y patrones de pensamiento en diferentes grupos, como:

Pensamiento de todo o nada, donde tu visión del mundo es en blanco y negro, o

Generalización de todo, que se refiere a utilizar el resultado de un suceso para juzgar otros.

Patrones automáticos de pensamiento negativo, cuando determinadas circunstancias desencadenan una serie de pensamientos negativos que se han vuelto habituales.

No creer en lo positivo, cuando siempre considera la perspectiva de una experiencia positiva como algo que no puede suceder.

Minimizar o maximizar la importancia de determinados eventos, cuando se distorsiona la naturaleza crítica o no crítica de determinadas situaciones.

Exagerar las cosas desproporcionadamente, en las que siempre piensa que todo lo que sucede es resultado de lo que ha hecho o dicho, o que los comportamientos y actividades de la gente se deben a usted.

Centrarse en un acontecimiento adverso, cuando siempre tiende a insistir en un hecho adverso de modo que su visión de la realidad se distorsiona

Mantener un registro de las cosas también le ayuda a:

- Analizarse a sí mismo para encontrar formas adecuadas de responder a las situaciones.

- Saber cómo hablarse a sí mismo de manera realista.

- Ser capaz de analizar sus sentimientos y situaciones con precisión.

- Ser capaz de dar respuestas adecuadas a eventos específicos.

La aplicación de estos métodos y técnicas le ayudará a lograr un equilibrio entre su mente y su cuerpo.

De qué manera la TCC ayuda a la Depresión

La depresión se ha convertido en uno de los problemas de salud mental más generalizados que experimentan tanto jóvenes como ancianos, y los efectos debilitantes de la depresión no pueden ignorarse. Este problema de salud mental va más allá de afectar solo su vida; también afecta a amigos y familiares. La depresión es una enfermedad común y grave que impacta negativamente en la vida de quienes la padecen; familiares y amigos, así como compañeros de trabajo y empleadores.

La depresión afecta significativamente el funcionamiento adecuado de la sociedad en su conjunto. Por ejemplo, cuando la depresión le impide llevar a cabo una función adecuada en el trabajo y afecta su vida financiera, no sufrirá solo, ya que los efectos se extienden hacia su familia, empleador y cualquier persona que tienda a beneficiarse económicamente de usted.

¿Qué tipos de depresión trata la TCC?

La TCC es útil para tratar a personas con depresión moderada y se puede utilizar como plan de tratamiento sin necesidad de medicación. Para aquellos con depresión significativa, la TCC funciona mejor cuando se usa junto con medicamentos.

Así como la depresión afecta tanto a ancianos como a jóvenes, la TCC también es eficaz en el tratamiento de ambos y contribuye en gran medida a reducir los riesgos de recaída. Las estrategias de afrontamiento y las modificaciones cognitivas derivadas del tratamiento con TCC le brindan habilidades a largo plazo para lidiar con muchas situaciones exigentes. Entonces, la TCC es una herramienta útil para mantenerse mentalmente saludable y libre de depresión durante mucho tiempo.

Para que la TCC funcione, debe

Estar motivado para cambiar su situación actual

Ser capaz de introspección

Tener la capacidad de controlar su reacción frente a las cosas que suceden a su alrededor

Cómo Funcionan los Componentes de la TCC en la Depresión

La TCC es una psicoterapia que tiene dos componentes: la parte cognitiva y la parte conductual.

La parte cognitiva ayuda a identificar aquellos pensamientos negativos poco realistas que conducen a conductas y emociones negativas. También le ayuda a comprender las creencias que ha desarrollado con el tiempo y qué desencadenó su desarrollo. Esta es una parte esencial del tratamiento con TCC para la depresión.

La parte conductual le ayuda a afrontar el tratamiento y la modificación de las diversas respuestas y comportamientos en determinadas situaciones. Con la ayuda de su terapeuta, analizará sus actividades diarias y sus efectos en su estado de ánimo.

La TCC va más allá de las sesiones de terapia, ya que se le darán varias asignaciones para practicar todo lo ganado en las sesiones de terapia.

Depresión y Adicción

Una de las asociaciones más comunes a la depresión es la adicción. La gente que está deprimida corre un alto riesgo de abuso y dependencia de sustancias que adormecen esos sentimientos dolorosos. A veces, el abuso de sustancias específicas como el alcohol deprime su sistema nervioso central. Por tanto, el abuso de alcohol podría servir para inducir depresión. El veinte por ciento de los estadounidenses que sufren de ansiedad y trastornos del estado de ánimo como la depresión son adictos al alcohol u otras sustancias.

Según las estadísticas, parece un hecho que la depresión y la adicción están estrechamente relacionadas, y cada una de las afecciones tiende a amplificar la otra. Es esencial buscar ayuda si está experimentando ambos estados a la vez.

La interrelación entre depresión y adicción se conoce como diagnóstico dual. La gente con ambas condiciones a menudo ve la vida como extraordinariamente solitaria y debilitante, porque ambas condiciones sirven para empeorar la otra.

Desencadenantes de la Depresión y la Adicción

La mayoría de las veces no es fácil determinar si la depresión o la adicción comenzaron primero. Pero en base a años de estudio e investigación, se han identificado algunos factores desencadenantes de ambas afecciones.

Ambas afecciones parecen afectar la misma área del cerebro. Esta área también es responsable de cómo respondemos al estrés.

Los factores genéticos también tienen un papel importante que desempeñar en el abuso de sustancias y la depresión. Algunas personas, debido a su ADN, son más propensas a la depresión y la adicción.

Los problemas de desarrollo temprano afectan la mezcla; la gente que tuvo problemas de salud mental mientras crecía tiene más probabilidades de volverse adicta, y la personas que tuvieron problemas con el abuso de sustancias a una edad temprana son más susceptibles a problemas de salud mental en el futuro.

Cosas para Recordar Acerca de la TCC

Las nuevas experiencias pueden ser desafiantes, especialmente las que cambian la vida, y optar por la TCC como su elección de tratamiento significa que está optando por algo desafiante. Las dudas y preocupaciones sobre su funcionamiento son perfectamente normales, pero se le pedirá que se ponga manos a la obra y, con la ayuda de su terapeuta, está garantizado un buen resultado. Antes de someterse a un tratamiento de TCC para la depresión, es fundamental saber lo siguiente.

La TCC explora esas experiencias y sentimientos dolorosos que siempre desea evitar, por lo que podría terminar enfrentando estas situaciones.

Lograr su objetivo de tener una buena salud mental depende totalmente de usted. Su terapeuta solo puede servir como guía para alentarle, pero al final, usted terminará haciendo todo el trabajo duro.

Necesitará desear estar bien, por lo que tendrá que esforzarse incluso cuando no tenga ganas.

Si quiere recuperarse, será necesario afrontar aquellas situaciones que normalmente intenta evitar.

Capítulo Seis: TCC en el Lugar de Trabajo: Formas de Vencer el Estrés en el Trabajo

La preocupación por el estrés relacionada con el trabajo está creciendo en todo el mundo, y si le preocupa la cantidad de presión por la que pasa en el trabajo, no está solo. Es un problema que va más allá de afectar la salud de los empleados, impactando la eficiencia y productividad de las organizaciones afectadas. Muchas empresas exigen el máximo compromiso y tienen una enorme carga de trabajo que deben afrontar sus empleados.

Muchos acontecimientos sirven como desencadenantes del estrés relacionado con el trabajo. Por ejemplo, es posible que se sienta abrumado con la carga de trabajo que enfrenta, y la presión de la demanda que le impone para que lo haga podría ser imposible de manejar. Muchos trabajos pueden requerir un número absurdo de horas que cree que no vale la pena. Las diferentes situaciones en el trabajo que pueden ser una fuente de estrés incluyen:

Conflictos laborales entre sus colegas o empleadores

Hacer frente al cambio constante en el trabajo

Miedo a perder su trabajo o a ser degradado

La presión laboral afecta a varias personas de manera diferente, no todo el mundo tiene la misma visión del trabajo. Lo que usted puede ver como un desafío, para otra persona puede considerarlo extremadamente estresante, mientras que otra persona puede no sentir que es un desafío o que es estresante. Esto se debe a que no todo el mundo tiene la misma constitución psicológica. La gente tiene experiencias diferentes y, como resultado, no siempre tiene las mismas opiniones sobre ciertas cosas. Pero el hecho es que todos se sienten estresados cuando se enfrentan a desafíos específicos en la vida.

Los acontecimientos individuales pueden aumentar o disminuir el estrés. Los síntomas del estrés relacionado con el trabajo pueden ser fisiológicos o psicológicos. Muchas personas buscan formas de reducir el estrés relacionado con el trabajo. Un método para lidiar con el estrés que ha demostrado ser útil para tratar muchos aspectos de los problemas psicológicos es la terapia cognitivo-conductual (TCC). La TCC ayuda a la gente que atraviesa por situaciones de estrés laboral a encontrar una nueva perspectiva de su situación. Le ayuda a manejar la presión al mismo tiempo que disminuye los efectos del estrés psicológico y emocional. La TCC también les enseña nuevas estrategias para ayuda a sentirse cómoda y tener más confianza frente a cualquier desafío laboral.

Identificar algunos síntomas específicos de estrés puede ser complicado, mientras que otras señales pueden ser leves y manifestarse en detalles más pequeños. Cualquiera que sea el caso, debe reconocer los síntomas del estrés relacionado con el trabajo para saber cuándo buscar ayuda.

Síntomas del Estrés Relacionado con el Trabajo

Se han realizado muchos estudios sobre los síntomas y efectos del estrés relacionado con el trabajo.

Los síntomas como malestar estomacal, dolor de cabeza, problemas para dormir y problemas de relación con amigos y familiares son signos bien conocidos de estrés en el trabajo.

Los síntomas del estrés relacionado con el trabajo se dividen en tres categorías: psicológicos, físicos y conductuales.

Síntomas psicológicos

Depresión

Trastornos dermatológicos

Desánimo

Pesimismo

Ansiedad

Irritabilidad

Dificultades cognitivas

Algunos de estos problemas psicológicos son fáciles de identificar. Por otro lado, los efectos físicos del estrés en el trabajo no son tan fáciles de reconocer porque están asociados con diferentes problemas y enfermedades. El estrés relacionado con el trabajo puede precipitar una enfermedad crónica. Un estudio publicado por el Journal of Occupational and Environmental Mental Health (Revista de Salud Mental Ocupacional Y Ambiental) reveló que el costo de la atención médica es más del 50 por ciento más para los trabajadores que experimentan altos niveles de estrés relacionado con el trabajo.

Enfermedad cardiovascular

Algunos trabajos son extremadamente exigentes y cambian constantemente, y no les dan a los empleados control sobre lo que está sucediendo; estos trabajos aumentan el riesgo de enfermedad cardiovascular.

Trastornos musculoesqueléticos: los trabajos específicos que requieren determinadas formas de actividad física aumentan el riesgo de desarrollar enfermedades de las extremidades superiores y la espalda.

Lesiones en el lugar de trabajo: las condiciones estresantes de trabajo generalmente interfieren con las prácticas de seguridad adecuadas, lo que aumenta el riesgo de lesiones relacionadas con el trabajo.

Suicidio, cáncer, úlceras y función inmunológica: según algunas investigaciones, existen algunas relaciones definidas entre el estrés relacionado con el trabajo y problemas de salud como estos.

Síntomas físicos

- Dolores de cabeza
- Fatiga
- Dificultades para dormir, como insomnio
- Tensión muscular
- Palpitaciones del corazón
- Molestias gastrointestinales, como diarrea o estreñimiento
- Presión arterial alta
- Pérdida del apetito
- Mal desempeño laboral

Síntomas conductuales

- Agresión

- Un aumento de los días de enfermedad o el ausentismo

- Una caída en el desempeño laboral

- Disminución de la creatividad y la iniciativa

- Cambios de humor e irritabilidad

- Menor tolerancia a la frustración e impaciencia

- Desinterés

- Problemas de relaciones interpersonales

- Aislamiento

- Período de atención corto

- Procrastinación

- Más uso de alcohol y drogas

Desencadenantes del Estrés Relacionado con el Trabajo

Estos son algunos factores que actúan como facilitadores de la presión en el lugar de trabajo:

Mala gestión

Exigencias de alto rendimiento

Ambiente de trabajo alrededores

Falta de apoyo adecuado

Cambios en la gestión

Trauma

Conflictos de roles

Causas del Estrés Relacionadas con el Trabajo

Estos factores son los principales responsables del miedo en el lugar de trabajo.

Grandes cargas de trabajo

Largas horas

Plazos cortos

Inseguridad laboral

Cambios dentro de la organización

Habilidades insuficientes para hacer el trabajo

Trabajo aburrido

Relaciones deficientes con colegas y empleadores

Supervisión excesiva

Cambios de funciones

Falta de recursos adecuados

Mal ambiente laboral

No hay suficientes oportunidades de promoción

Falta de equipamiento

Discriminación

Acoso

Eventos aleatorios en el lugar de trabajo, como muertes en el lugar de trabajo.

¿Cómo Funciona la TCC para el Estrés?

El tratamiento con TCC para el estrés relacionado con el trabajo ayuda a comprender los efectos de patrones de pensamiento específicos en nuestro comportamiento y cómo estos pueden aumentar su nivel de estrés. Además, a la vez que le ayuda a identificar estos patrones de pensamiento, lo ayuda a crear nuevos patrones de pensamiento que cambian su comportamiento y respuesta. También sirve para ayudarle a aumentar su confianza y capacidad para hacer frente a ciertas situaciones estresantes y desafiantes.

Después de pasar por la terapia cognitivo-conductual, podrá controlar mejor sus conductas y manejar situaciones estresantes con facilidad. También sabrá cómo evitar que algunas situaciones laborales sean estresantes.

Terapia

Para la primera sesión de terapia TCC, su terapeuta le hará varias preguntas, de modo que pueda determinar cuanta de ayuda necesita y el enfoque a tomar para manejar los desafíos que enfrenta. Estas también ayudan a su terapeuta a elaborar un plan adecuado para lograr el objetivo.

Las sesiones posteriores se utilizarán para determinar e identificar las situaciones que actúan como desencadenantes para usted. Esto se hace a través de una seria discusión con su terapeuta. Le ayuda a conocer y ver estos factores desencadenantes desde un nuevo ángulo. Además, aprenderá nuevas formas de pensar, manejar y afrontar esas situaciones estresantes.

Se le darán varias asignaciones para ayudarle a poner en práctica todo lo aprendido en las sesiones de TCC y para ver cuánto ha mejorado su capacidad para lidiar con situaciones estresantes en el trabajo. No hay una forma fácil de salir del estrés relacionado con el trabajo; tendrá que esforzarse mucho porque estas situaciones estresantes son estresantes por una razón y, hasta que descubra cómo lidiar con estas razones, su condición no va a cambiar.

Algunos consejos prácticos de la TCC que pueden ayudarlo a lidiar con el estrés relacionado con el trabajo incluyen:

Aprenda a priorizar

A veces, tener demasiado que hacer no le inspira a hacer más puede que se sume a una situación que ya es estresante. Puede terminar sintiéndose abrumado y sentir que todo está fuera de su control.

No tiene por qué hacer todo. Aprender a priorizar es un aspecto esencial del trabajo para algunas organizaciones: tomarse su tiempo para priorizar hace que las cosas funcionen mejor. Incluso puede descubrir que tiene tiempo para muchas otras cosas que pueden servir para reducir el estrés laboral. Puede hacer una lista de las cosas más importantes para hacer en lugar de las tareas que no son esenciales. Esto le da una mayor probabilidad de tener el control y tomar sus tareas una por una, desde la más importante a la menos importante.

Monitoree su estado de ánimo

Este es un consejo esencial de TCC para el manejo del estrés laboral. Su terapeuta le ayudará a encontrar formas de controlar cómo ciertas situaciones y eventos en el trabajo que afectan su estado de ánimo. En otras palabras, le ayuda a procesar cómo se siente ante circunstancias particulares mientras le ayuda a ver cómo algunos patrones de comportamiento afectan su estado de ánimo de manera específica.

Cuando se encuentra concentrándose en pensamientos específicos como la carga de trabajo que enfrenta y preocupándose por situaciones futuras en el trabajo, puede ser útil su habilidad para monitorear el estado de ánimo. Puede llevar un diario para registrar su estado de ánimo.

Registre la situación estresante

Anote cómo se siente en el momento de la situación desencadenante o cada vez que piense en la situación. Puede calificar cada sentimiento en función de lo abrumador que fue.

Registre todo lo que estaba pensando en el momento de la situación. Es esencial tener en cuenta cada pensamiento, para que pueda saber cómo cada uno afecta sus sentimientos.

Cuando haya terminado de registrar todo, puede guardar su diario. Después de unos días, puede volver a su diario para repasar lo que había escrito.

Esta forma de registrar todo lo que sucede con sus pensamientos y sentimientos es una excelente manera de aprender a ver sus emociones desde otro ángulo. Es más probable que note cuán distorsionadas estaban sus opiniones y actitudes en el momento de la situación cuando vuelva a su diario unos días después. Esto le da la oportunidad de poder reconocer qué pensamientos necesita modificar y cambiar para que la próxima vez pueda afrontar y responder mejor a la situación.

De la TCC, puede aprender cómo estos patrones de pensamiento negativos (distorsiones cognitivas) afectan su salud mental y cómo podemos idear estrategias para lidiar con ellos.

Concéntrese en las cosas que puede controlar y desarrolle un equilibrio positivo

En situaciones en las que nos sentimos abrumados y consumidos por nuestra carga de trabajo, a menudo tendemos a concentrarnos solo en las cosas que podemos controlar. A menudo esto termina elevando nuestro nivel de estrés general y agotando nuestras mentes, gastando energía que podríamos estar usando para lograr algo mejor.

En momentos como este, las lecciones de la TCC para replantear nuestras mentes y pensar pueden ayudarnos a sentirnos en control.

El reencuadre positivo es diferente del pensamiento positivo. El replanteamiento positivo le ayuda a idear nuevas formas y estrategias utilizando los datos disponibles para ver las cosas de una manera más realista. En lugar de pensar de manera positiva en la situación o tarea estresante, el reencuadre positivo ofrece una forma alternativa de resolver o afrontar la situación. Por ejemplo, podría estar a cargo de planificar la fiesta de fin de año para su organización/empresa y, al mismo tiempo, administrar su agenda ya llena. El reencuadre positivo podría ayudarle a encontrar una forma alternativa al ayudarle a ver la importancia de delegar en lugar de simplemente manejar todo usted mismo.

Situación: un gran evento próximo que requiere muchos detalles y aportaciones. Pensamientos: *Esto es mucho trabajo para mí no creo que este trabajo pueda ser solo para mí. Hacer esto solo podría resultar en un gran desastre.*

Sentimientos: irritable, deprimido/ y ansioso/a.

Comportamientos: evite todo lo que tenga que ver con la situación. Evite hacer el proyecto, posponga las cosas y omita detalles importantes del proyecto.

Pensamiento alternativo: *aunque este es mucho trabajo para una sola persona, siempre he sido bueno para realizar trabajos como este, y que me asignen esta tarea significa que mi jefe me tiene en alta estima, lo que significa que puedo hacer esto y no debo decepcionarlo. decepcionar. Voy a hacer toda la investigación necesaria para esta tarea; esta podría ser mi oportunidad de mostrar mis aptitudes. Siempre puedo pedir ayuda si me quedo atascado, así que lo haré concienzudamente para ver hasta dónde puedo llegar por mí mismo por ahora.*

Busque satisfacción y significado en su trabajo

A veces podemos terminar sintiéndonos insatisfechos y aburridos con el flujo constante de trabajo. Esta es una causa importante y una fuente de estrés para mucha gente y puede afectar su salud física y mental. Algunos de nosotros siempre hemos soñado con el puesto, la carrera o el trabajo perfectos. Una de las mayores motivaciones y fuente de impulso que mueve a mucha gente es la pasión por su trabajo. Una vez que esta se pierde, se sentirá insatisfecho.

Tal vez no esté en el trabajo de sus sueños, pero aún puede encontrar un propósito en estar allí. Con ambición, incluso puede aprender a desarrollar pasión por el trabajo. Incluso en algunas tareas sin ninguna importancia, puede aprender a encontrar significado en las pequeñas contribuciones que hace. Todo lo que tiene que hacer es centrar su atención en los aspectos del trabajo que le gustan y de los que disfruta. Incluso si a los demás no les parece mucho, es posible que descubra que con el tiempo puede obtener la promoción que busca.

En otras ocasiones, cuando se siente indefenso e inseguro, cuando el nivel de estrés está por encima del techo, algunos de los siguientes consejos pueden serle de ayuda:

Hable con su Empleador sobre los Factores Estresantes en el Lugar de Trabajo

Su empleador sabe que los empleados felices y en su sano juicio son más eficientes y productivos, por lo que siempre hará todo lo posible para abordar el estrés laboral para sacar lo mejor de los empleados. Por lo tanto, es importante informar a su empleador de los factores estresantes que hacen que sea imposible realizar su trabajo de manera efectiva.

Obtenga una Descripción Clara de su Trabajo

Si no comprende bien sus responsabilidades y deberes relacionados con una tarea, es posible que le resulte muy difícil. Esto puede aumentar el nivel de estrés relacionado con el trabajo. Siempre puede pedir una aclaración sobre una misión, para que sepa lo que está haciendo.

Puede solicitar un traslado a otro departamento para escapar del ambiente tóxico.

Si está cansado/a, aburrido/a o estresado/a por la misma tarea de siempre, puede pedir algo nuevo.

Capítulo Siete: Pensamientos Intrusivos: Reconocerlos y Eliminarlos con TCC

A veces puede experimentar pensamientos específicos que surgen de la nada en su cabeza. Tal vez está realizando una de sus actividades diarias y, de repente, se le ocurre un pensamiento extraño o una imagen loca que le deja preguntándose de dónde viene. La mayoría de las veces, la idea podría ser inofensiva, como hacer algo estúpido y socialmente loco en público. A veces puede ser un pensamiento que podría hacer más daño que bien, o algo que nunca podría soñar hacer, como empujar a alguien por un tramo de escaleras.

La buena noticia es que usted no es el único que experimenta pensamientos raros y extraños que aparecen en la mente en momentos aleatorios.

¿Qué son los Pensamientos Intrusivos?

Los pensamientos intrusivos son pensamientos que llegan a nuestra conciencia sin ninguna indicación o advertencia. El contenido de estos pensamientos a veces suele ser inaceptable para la población en general, ya que son inquietantes y alarmantes o simplemente extraños. Cuando por alguna razón, estos pensamientos se quedan atrapados en nuestra cabeza pueden provocar una angustia severa.

En algunas situaciones, cuando estos pensamientos ocurren con frecuencia, pueden comenzar a interferir con nuestra vida diaria. Estos pensamientos pueden ser comportamientos violentos por naturaleza, sexuales y otras fantasías perturbadoras que son inaceptables para usted.

Es esencial saber que estos pensamientos no son más que pensamientos y no tienen ningún significado, por lo cual el poder que tienen sobre usted será solo el que les dé. Cuando les presta más atención de la necesaria a estos pensamientos y se preocupa por ellos, se siente avergonzado/a y perturbado/a, entonces podría estar experimentando un trastorno mental.

Cuando sabe que estos pensamientos no son más que pensamientos y no tiene la obligación de hacer lo que sugieren, los pensamientos intrusivos no pueden ser dañinos.

¿Qué Causa los Pensamientos Intrusivos, y Son Normales?

No se ha determinado con certeza la causa de los pensamientos intrusivos, pero algunos psicólogos han publicado algunas teorías. Lynn Somerstien propuso que quizás la razón por la que surgen estos pensamientos es porque la persona está pasando por alguna situación difícil. Esta situación podría ser problemas interpersonales, estrés laboral, problemas con los padres y la crianza de los hijos, o algo que la persona está tratando de mantener en secreto. Desafortunadamente, en lugar de que los pensamientos de estos problemas permanezcan enterrados, encuentran una forma alternativa de manifestarse.

Otra psicóloga que ha propuesto otra teoría es la Dra. Hannah Reese. Ella sugirió que las manifestaciones de estos pensamientos son el resultado de nuestra incapacidad para actuar de la manera que sugieren, porque, aunque nunca hará lo que estos pensamientos sugieren, su cerebro sigue pensando en algunas de las cosas más extrañas que pueda imaginar.

Esto nos lleva a la pregunta de por qué nuestro cerebro sigue teniendo esos pensamientos.

A la Dra. Sally Winston y al Dr. Martin Seif se les ocurrió una descripción sobresaliente de lo que creen que provoca pensamientos intrusivos. Creen que nuestro cerebro crea lo que ellos llaman "pensamientos basura" y estos son parte de los desechos que flotan en nuestro flujo de conciencia. Pensamientos como estos no tienen sentido, y si los evitamos y los ignoramos, simplemente desaparecen.

De dónde provienen estos pensamientos intrusivos sigue siendo un misterio, pero el hecho es que, en algunos casos, la gente se concentra demasiado en ellos y cuanto más intenta evitarlos, más piensa en ellos.

En algunos otros casos, estos pensamientos surgen como resultado de un problema de salud mental subyacente o un problema cerebral como

Trastorno de estrés postraumático (TEPT)

Trastorno obsesivo-compulsivo (TOC)

Daño cerebral

Enfermedad de Parkinson

Demencia

Es esencial notar cambios o síntomas en su salud mental porque no deben tomarse a la ligera. Algunas señales tempranas de problemas de salud mental incluyen:

Cambios en los patrones de pensamiento

Pensamientos de imágenes perturbadoras

Pensamientos obsesivos

Por ejemplo, si alguien le dice que evite pensar en una ballena verde, aunque se le permita pensar en cualquier otra cosa del mundo, no pensar en una ballena verde, puede ser difícil evitar la idea de una ballena verde. especialmente durante mucho tiempo. Con el tiempo, descubrirá que su mente se deslizará y la imagen de una ballena verde le vendrá a la mente.

En un estado mental saludable, es fácil para usted monitorear y realizar un seguimiento de sus muchos pensamientos, e incluso cuando surgen pequeños reflejos aleatorios, es fácil dejarlos escapar.

En situaciones en las que le resulta difícil dejar de lado esos pensamientos intrusivos, sino que, en lugar de eso, sigue enfocándose en ellos cada vez con más frecuencia; entonces es fundamental buscar ayuda.

Pensamientos Intrusivos y Otros Trastornos de Salud Mental

Algunos de los trastornos mentales más asociados con pensamientos intrusivos incluyen:

Ansiedad

TOC

Depresión

TDS

Trastorno bipolar

TDAH

Es normal que surjan pensamientos intrusivos en nuestra mente; todo el mundo los experimenta. Sin embargo, en los casos en que aparecen con más frecuencia y provocan una angustia significativa, es posible que tenga uno de los trastornos mentales asociados mencionados anteriormente.

Pensamientos intrusivos y TOC

Uno de los síntomas importantes y fáciles de reconocer del TOC son los pensamientos intrusivos frecuentes, que experimentan casi todas las personas diagnosticadas con TOC.

Según el Dr. Robert L. Leahy, estos pensamientos a menudo se evalúan negativamente: puede terminar pensando que hay algo anda mal en usted porque estos pensamientos que no debería estar pensando siguen apareciendo en su mente. Entonces, la única forma que ve de controlarlos es prestarles mucha atención, monitorearlos y evitar que aparezcan.

La gente con TOC que experimenta estos pensamientos intrusivos compulsivos reacciona de cierta manera a estos pensamientos, lo que lleva a problemas más graves. La frecuencia de estos pensamientos solo aumenta con más atención, lo que la lleva a convertirse en una obsesión. Esta obsesión se traduce en conductas repetidas que se llevan a cabo para evitar la recurrencia de estos pensamientos.

Algunos ejemplos de pensamientos intrusivos relacionados con el TOC incluyen preocuparse por cerrar las ventanas, por dejar las llaves en la puerta y preocuparse por las baterías en las superficies. Alguien con TOC puede desarrollar el hábito de limpiar las superficies varias veces o evitar tocar la manija de la puerta o volver a revisar repetidamente para asegurarse de tener la llave consigo. Estas compulsiones a menudo afectan la calidad de vida del individuo e interfieren con una vida diaria saludable.

Pensamientos Intrusivos y Depresión

La gente que sufre de depresión también es propensa a tener pensamientos intrusivos. Los pensamientos intrusivos depresivos frecuentes también pueden causar depresión. Cuando se pone demasiada atención en los pensamientos intrusivos negativos y depresivos específicos que ocurren con frecuencia (rumiación), puede conducir a una depresión severa. Es posible que regrese una y otra vez tratando de abordar estos pensamientos, pero en lugar de resolver el problema, solo terminará empeorándolo.

Algunos ejemplos de pensamiento intrusivo dentro de la depresión incluyen:

Centrarse demasiado en los aspectos negativos y esperar siempre los peores escenarios

Poner demasiado énfasis en un suceso horrible específico y usarlo como referencia a otros similares en el futuro

Analizar demasiado las cosas en su cabeza (pensar demasiado)

Siempre suponiendo que sabe lo que piensan los demás

Aceptar el peor de los casos como el único resultado posible de una situación particular

Exageración de un evento determinado

Asumir la responsabilidad de cosas que no puede controlar

Pensamientos como estos pueden nublar su mente y hacerle imposible ver las cosas como realmente son. En lugar de ver la mayor parte de lo que pasa por su cabeza como simples pensamientos, termina creyéndolos, tomando cada análisis como real y sin ser objetivo en sus conclusiones.

Pensamientos Intrusivos y Ansiedad

En los casos de TOC, la persona involucrada tiende a experimentar pensamientos intrusivos intensos, gráficos, violentos e inaceptables, mientras que las personas con ansiedad a menudo sienten que se están ahogando en muchos pensamientos no deseados de menor intensidad que los de quienes padecen de TOC.

En el caso de un trastorno de ansiedad generalizada (TAG), los pacientes pueden experimentar una preocupación incontrolable por la seguridad de un ser querido. Algunas personas con un trastorno de ansiedad relacionado con el miedo a las situaciones sociales (fobia social) pueden encontrar un desafío en superar los recuerdos de cometer un error o decir algo que no deberían haber dicho.

Por lo general, cuando alguien con un trastorno de ansiedad experimenta un pensamiento intrusivo, terminará tomando la peor decisión con respecto al sentimiento negativo. A menudo pasan más tiempo del necesario obsesionándose con el pensamiento, todo en nombre de intentar sacárselo de la mente. Cuando dedican más tiempo a un pensamiento intrusivo, a menudo le dan poder sobre ellos, perdiendo el control sobre sus mentes como resultado.

Pensamientos Intrusivos y Trastorno del Estrés Postraumático

Otro problema de salud mental estrictamente asociado con pensamientos intrusivos es el trastorno de estrés postraumático (TEPT). En el caso del trastorno de estrés postraumático, los pensamientos intrusivos están relacionados con un suceso particularmente traumático que ya ha tenido lugar, y que incluso podría implicar reviviscencias.

Las personas con TEPT tienen dificultades para olvidar lo que les sucedió en el pasado; como resultado, los síntomas del TEPT les hacen lidiar con el pasado una y otra vez. Experimentan reviviscencias de vez en cuando en forma de pesadillas y pensamientos intrusivos. En episodios de TEPT, el estado del cuerpo es similar al de la situación anterior. Como resultado, la persona está en alerta máxima debido a la inundación de hormonas de "lucha y huida" y otras hormonas en el cerebro.

Pensamientos Intrusivos y TDAH

Un síntoma principal del TDAH son los pensamientos intrusivos. A la gente con TDAH a menudo le resulta difícil prestar atención, incluso en los ambientes más propicios. La dificultad para concentrarse es una característica general de esta afección de salud mental, y una de las causas son los pensamientos intrusivos perturbadores frecuentes. Las personas con TDAH experimentan un mayor grado de pensamientos intrusivos que las personas con TOC, aunque los trastornos son similares.

Tratamiento con Terapia Cognitivo-Conductual (TCC) para los Pensamientos Intrusivos

La TCC es una de las opciones de tratamiento más eficaces para los pensamientos intrusivos. Dado que el pensamiento intrusivo tiene que ver con cómo estos pensamientos aleatorios surgen en la mente e influyen en el comportamiento, la TCC es nada menos que una elección perfecta de tratamiento para esta afección de la salud mental. La TCC se usa sola o en combinación con otras opciones de tratamiento, según la gravedad de la afección.

La TCC ayuda a crear y desarrollar estrategias de manejo para lidiar con pensamientos y comportamientos dañinos y no deseados. A través de la TCC, podrá aprender a idear formas más saludables de ignorar los pensamientos intrusivos.

Terapia de Aceptación y Compromiso (TAC)

La Terapia de Aceptación y Compromiso es un subtipo de TCC que le enseña a aceptar sus sentimientos y pensamientos en lugar de participar en una batalla para evitarlos. La TAC le muestra cómo ser consciente mientras busca formas alternativas de pensar. Les enseña a las personas con estos pensamientos intrusivos a aceptar estos pensamientos como normales, pero no a pensar en ellos, ya que son solo uno de los muchos pensamientos que pueden ignorarse. Los seis principios de la TAC son:

Difusión cognitiva: aprende a dar poca importancia a los pensamientos, sentimientos e imágenes negativas.

Aceptación: aprender a dejar que esos pensamientos intrusivos corran por su mente sin sentirse angustiado/a.

Ponerse en contacto con el momento presente: aprenda a concentrarse en el presente en lugar de pensar demasiado en el pasado o el futuro, y aprenda a aceptar las cosas que suceden a su alrededor.

Observarse a sí mismo: ser consciente o consciente de su ser.

Valores: identificar aquellos valores importantes en los que se basa tu vida, aquellas cosas que considera más importantes.

Acción comprometida: asignar metas según tus valores y las cosas por las que está luchando.

Estos seis principios ayudan a tratarle y curarle mientras crean una mente con visión de futuro.

Prevención de la Respuesta y Exposición (PRE)

Otro aspecto de la TCC que ha demostrado su eficacia para ayudar a las personas con TOC a lograr una salud mental estable es la Prevención de la respuesta y exposición (PRE). En este método de terapia, usted está expuesto a situaciones y eventos que actúan como desencadenantes de su miedo y aprende a lidiar mejor con ellos.

LA PRE tiene como objetivo mostrarle que es capaz de desafiar esos miedos, para que se dé cuenta de lo irracionales que son. Esos pensamientos intrusivos pueden permanecer, pero con la ayuda de esta terapia, se convierten en nada más que una molestia insignificante a la que no le presta mucha atención.

Autoayuda: Manejo de los Pensamientos Intrusivos con TCC

Este método se utiliza además de otros métodos de TCC para disminuir los síntomas de pensamientos intrusivos y brindarle una mejor calidad de vida cuando se enfrenta a pensamientos intrusivos.

Según Seif y Winston (2018), hay siete pasos que pueden ayudarlo a cambiar su actitud hacia los pensamientos intrusivos y a superarlos.

●Ponga una etiqueta a estos pensamientos, como "pensamientos intrusivos".

●Sepa que no tiene control sobre estos pensamientos, son automáticos.

●No aleje los pensamientos, acéptelos.

●Flote y deje pasar el tiempo.

● No hay necesidad de apresurarse. Dese tiempo, recuerde que menos es más.

● Los pensamientos vendrán de nuevo, espérelos.

● Puede permitir que la ansiedad esté presente, pero no detenga lo que estaba haciendo antes del pensamiento intrusivo.

Además, Seif y Winston pusieron algunas señales de advertencia contra estos pensamientos.

●Involucre los pensamientos de la mejor manera posible.

●No guarde los pensamientos en su mente.

●Encuentre el significado del pensamiento.

●Observe para ver si eso es efectivo para deshacerse de los pensamientos.

El centro de recuperación de North Point, que es una organización que ayuda a la gente que enfrenta diversos trastornos y abuso de sustancias, presentó cinco consejos para ayudar a la gente a desafiar sus pensamientos intrusivos.

●Analice más a fondo por qué le molestan los pensamientos intrusivos.

●No bloquee su mente. Permita que los pensamientos entren y siga adelante.

●No se deje llevar por pensamientos; son solo pensamientos, no les dé más poder del que tienen.

●No reaccione emocionalmente a pensamientos intrusivos.

●Tratar de alinear sus comportamientos con su obsesión no le ayudará a largo plazo.

Capítulo Ocho: Atención Plena y Conexión con la TCC

Con el aumento de la popularidad de los tratamientos TCC y APTCC para diversos problemas de salud mental, se han formulado muchas preguntas sobre lo que ofrecen las dos al mundo de la psicología. La terapia cognitivo-conductual (TCC) más popular ha ganado una amplia audiencia por su método práctico y orientado a objetivos para tratar muchas enfermedades. La relativamente recién llegada, APTCC, todavía tiene un largo camino por recorrer para lograr la popularidad de la TCC.

Debido a los muchos valores y similitudes, a menudo es difícil distinguir entre los dos métodos.

Para darle una imagen completa de los principios básicos y de qué se tratan ambos métodos de psicoterapia, vamos a ver un resumen de ambos enfoques.

Terapia Cognitivo-Conductual (TCC)

Para esta comparación, veremos una breve descripción general de TCC, que ya vimos en el capítulo uno.

Como su nombre lo indica, la terapia cognitivo-conductual es un tipo de psicoterapia que aplica dos componentes del tratamiento:

los componentes Cognitivo y Conductual. Al utilizar estas dos partes en sus planes de tratamiento orientado a objetivos, ha tenido éxito en el tratamiento de varios problemas de salud mental como trastornos de ansiedad, trastorno del estrés postraumático, depresión, esquizofrenia y TOC, entre otros.

Componente cognitivo: el componente cognitivo es la parte de la TCC responsable de reconocer esos pensamientos distorsionados y modificarlos por otros más realistas. Es posible que experimente pensamientos y sentimientos específicos que le hagan tener algunas creencias distorsionadas. Cuando actúa sobre esta creencia poco realista, a menudo conduce a comportamientos específicos que pueden interferir con una vida saludable y muchos aspectos de la vida, como la relación entre los miembros de la familia, las relaciones románticas, los académicos y el trabajo.

Por ejemplo, cuando alguien sufre de baja autoestima, puede estar lidiando con algunos pensamientos distorsionados (negativos) sobre sus capacidades y apariencia. Esto podría resultar en patrones de pensamiento negativos que podrían tender a mantenerlos alejados de los eventos sociales o darles oportunidades específicas que implican tratar con personas o exponerlas a ellas.

El componente cognitivo de la TCC aborda las acciones para modificar y cambiar estos pensamientos destructivos. Con la ayuda de su terapeuta, podrá identificar esos patrones de pensamiento y creencias distorsionadas. Esta etapa de la TCC se conoce como "análisis funcional". Es vital, así usted puede avanzar en la determinación de cómo estos pensamientos afectan su comportamiento.

Componente del Comportamiento

Esta parte de la TCC se ocupa de los comportamientos resultantes debido a los pensamientos negativos distorsionados. Estos comportamientos son el producto final de creencias falsas y poco realistas debido a patrones de pensamiento negativos. Con la ayuda del componente conductual, se le mostrará una nueva habilidad o estrategia para hacer frente a estos comportamientos, que puede aplicarse a situaciones reales de la vida.

En la mayoría de los casos, un cambio de comportamiento se logra en muchos pasos graduales.

Un ejemplo de TCC en acción sería cuando se supone que debe salir con un amigo y él se la rechaza, diciendo que está ocupado. Podría terminar pensando que lo odia y, por lo tanto, quiere mantenerse alejado de usted, especialmente si esto sucede repetidamente. Esto conduce a un pensamiento más negativo, lo que le lleva a dudar y cuestionar su valor. Es posible que termine sintiéndose ansioso y paranoico, por lo que la próxima vez que tenga una salida terminará usando su experiencia anterior para juzgarla.

En el tratamiento con la TCC, se le enseñará cómo reconocer e identificar estos pensamientos negativos. En lugar de creerles, se le mostrará cómo buscar un patrón alternativo para analizar la situación. Aprenderá a cuestionar todas sus suposiciones negativas. Se le pedirá que considere la otra salida anterior que haya tenido con sus amigos o alguien. Después de pasar por todo esto, tal vez vea que todos estos pensamientos están solo en su cabeza, y tal vez el amigo que lo rechazó está realmente ocupado.

¿Qué es la Atención Plena?

Es una creencia generalizada que nuestra realidad se define por la forma en que pensamos. También se cree que esta realidad puede verse influenciada mejorando la calidad de los pensamientos. Cada pensamiento y sentimiento que experimenta da forma a la naturaleza de su realidad. La terapia cognitiva basada en la atención plena, o TCBAT lo ayuda a reconocer y comprender el tono de sus pensamientos y sentimientos y a crear hábitos nuevos y saludables.

La TCBAT combina eficazmente la terapia cognitiva junto con técnicas de atención plena para ayudar a una persona a lidiar con problemas como la ansiedad, la depresión o cualquier otro problema de comportamiento. Fundamentalmente ayuda a disminuir sus preocupaciones, estrés y miedos al permitirle controlar sus sentimientos.

La capacidad de ser consciente de los pensamientos que surgen en su cabeza sin dejarse llevar por ellos se conoce como atención plena. La mente tiende a divagar y, cuando intenta concentrarse en la tarea que tiene entre manos, es posible que note que se cuelan otros pensamientos. La atención plena le permite controlar su mente usando técnicas que le animan a hacer un balance de sus pensamientos y decidir si quiere responder a ellos o no.

La psicoterapia de atención plena está diseñada para que usted enfoque su conciencia en el momento presente. Le ayuda a analizar sus sentimientos, pensamientos y sensaciones corporales con calma.

Los fundamentos de la atención plena se basan en una técnica antigua utilizada por el budismo y enseñanzas espirituales orientales específicas, y está diseñada para ayudar a la gente a adquirir conciencia de su cuerpo, sentimientos y mente para que pueda alcanzar la autorrealización.

La atención plena fue desarrollada en la década de 1970 por el Dr. Jon Kabat-Zinn, que era el director de una clínica de reducción del estrés en la Universidad de Massachusetts. Se utilizó como herramienta psicológica en el control del estrés, la ansiedad y el dolor crónico. En la década de 1990 se la investigó y utilizó en el tratamiento de la depresión. Hoy, se ha investigado la TCBAT científicamente y es reconocida por muchos de los principales psicólogos, médicos y científicos del mundo.

La atención plena ha sido útil para ayudar a la gente a lidiar con la vida de "piloto automático" que vivimos en el mundo moderno de hoy. Nos ayuda a estar siempre conscientes del presente. Esto es importante cuando se trata de enfermedades mentales como la depresión. Permitir que el subconsciente gobierne nuestras vidas da lugar a que una afección psicológica específica como la ansiedad entre en nuestra vida. Distraernos puede dejarnos abiertos a ser dominados por desafíos particulares. Si esto sucede, nuestra reacción seguramente será automática, y podemos reaccionar de forma exagerada y descarrilarnos. Cuando siempre estamos conscientes de nuestro presente y somos conscientes de todo lo que nos rodea, tenemos una mayor probabilidad de responder con calma a los desafíos, sucesos o situaciones individuales.

Con la ayuda de la atención plena, pensamos detenidamente, considerando todas las opciones disponibles antes de responder o actuar. Entonces, antes de actuar, reconocemos conscientemente a la gente, el medio ambiente y todo lo que se verá afectado por nuestra acción.

¿Qué es la TCBAT?

La Terapia Cognitiva Basada en la Atención Plena (TCBAT) es una combinación de varios aspectos de la terapia cognitivo-conductual y la atención plena.

Según los dos psicólogos, Philip Barnard y Jon Teasdale, la mente humana está compuesta de dos modos diferentes, el modo "*ser*" y el modo "*hacer*". Describieron el modo "hacer" como orientado a objetivos y está activo cuando usted encuentra una diferencia entre cómo quiere que sea una cosa y cómo se presenta la situación. Por otro lado, el modo "ser", acepta las situaciones tal como son sin hacer nada para cambiarlas. Continuaron diciendo que el "modo de ser" es el que está asociado con cambios emocionales duraderos. Entonces, se concluyó que para que la terapia cognitiva sea efectiva tendrá que apoyar no solo la conciencia cognitiva como la TCC, sino también el "modo de ser" de la mente. Creían que la terapia cognitiva solo podía ser efectiva cuando se usaba en combinación con la atención plena.

Un esfuerzo combinado de los psiquiatras Jon Kabat-Zinn, Zindel Segal y Mark William ayudó a combinar las diversas ideas nuevas de la terapia cognitiva con el programa de reducción del estrés basado en la atención plena de Kabat-Zinn. Esto llevó al nacimiento de la TCBAT.

El objetivo de la TCBAT es similar al de TCC en el sentido de que le ayuda a mantener una conciencia constante de sus reacciones y pensamientos. Esto le permite notar cualquier cambio que se produzca debido a la negatividad. Pero la TCBAT incluye algo adicional en el sentido de que le muestra cómo tomar conciencia del tiempo o los momentos en los que usted se siente desbordado/a ante cualquier negatividad.

Con esta terapia, puede manejar y controlar mejor la ansiedad y el estrés al ser más consciente de lo que está sucediendo en el momento presente. Entonces, en lugar de poner tanta atención en tratar de comprender sus pensamientos, con la TCBAT los acepta por lo que son sin ningún juicio; simplemente los deja pasar por su mente sin prestarles mucha atención ni darles mucho significado.

Una mayor conciencia del momento presente significa que es menos probable que cualquier detonante le pille desprevenido/a, por lo que puede desprenderse fácilmente de las preocupaciones o los estados de ánimo.

Diferencia entre la TCC y la TCBAT

Con la ayuda de la TCC, puede identificar y modificar patrones de pensamientos negativos que a menudo causan ansiedad y depresión.

Por otro lado, la TCBAT le enseña cómo identificar pensamientos negativos y saber con certeza que estos pensamientos son solo pensamientos, y nada más. La TCBAT también va más allá en la aplicación de la atención plena para ser consciente de lo que está sucediendo en el momento presente, como su pensamiento actual, sus sentimientos presentes y todo lo que está experimentando en el presente. Le ayuda a no ser tomado/a por sorpresa por ningún pensamiento negativo.

La TCC aplica la cognición para comprender cómo funciona el pensamiento negativo. A menudo se describe como "una terapia de pensamiento"; analiza sus pensamientos, sentimientos y reacciones. Aunque tiene en cuenta la respuesta de su cuerpo al estrés de los pensamientos negativos, es una terapia que se ocupa principalmente del proceso de pensamiento. El enfoque principal de la TCC es que usted evite mentalmente los pensamientos negativos.

Las técnicas aplicadas en son un poco diferentes a las utilizadas en la TCC, involucran cosas como concentrarse en la respiración, donde se pasan unos minutos con su atención únicamente en el proceso de su respiración, y exploraciones corporales, donde se dedica tiempo a observar las diferentes sensaciones y tensiones en su cuerpo durante las meditaciones sentadas. Debido a estas técnicas, a menudo se lo denomina "un proceso de sentimiento". Por tanto, la TCBAT es tanto experimental como analítica; está más centrada en el cuerpo que la TCC. El punto fundamental de la TCBAT es permitir que sus pensamientos vengan y luego dejarlos ir.

Similitudes entre la TCC y la TCBAT

Algunas similitudes entre la TCC y la TCBAT incluyen:

Ambos métodos le ayudan a gestionar sus pensamientos correctamente.

Ambos le hacen más resistente a los patrones de pensamiento, reacciones y sentimientos automáticos.

Ambos métodos de tratamiento requieren poco tiempo para lograr sus objetivos.

Ambos son más adecuados como el único método de tratamiento para la ansiedad y la depresión leves, a diferencia de los planes de tratamiento para el abuso y el trauma que pueden requerir más de una forma de terapia y un período de tratamiento más prolongado.

Es importante señalar que ambos métodos de tratamiento son más beneficiosos después de una aplicación exitosa del tratamiento de terapia de conversación. La TCBAT es la más útil de las dos para la gente que tiene depresión a largo plazo y necesita un remedio para episodios recientes de depresión. Incluso después de que finaliza la terapia, los pensamientos negativos siguen conectados a estados de ánimo negativos en su cerebro y podrían activarse nuevamente. Entonces, la TCBAT es una técnica que le proporciona poder monitorear esos desencadenantes y sus puntos de vista sobre situaciones que sirven como desencadenantes.

Beneficios de la TCBAT

Más control sobre sus pensamientos

La TCBAT ha ayudado a mucha gente con diversos problemas de salud mental. Actualmente, se aplica para enseñar a la gente cómo puede comprender mejor sus pensamientos, patrones y mecanismos. Esto les ayuda a reconocer las señales y síntomas que apuntan hacia un problema de salud mental.

MBCT le anima a ser consciente del presente en general, no solo durante el tiempo de las sesiones de terapia y mientras hace las meditaciones. Esto le permite vivir fuera de su cabeza, prestar más atención y conectarse con la gente que lo/la rodea. Con esta forma de vida, es menos probable que encuentre pensamientos negativos que puedan conducir a un problema de salud mental. La gente que practica la TCBAT deja ir los pensamientos depresivos en lugar de aferrarse a ellos.

Reducción de estrés

Además de la meditación, la respiración profunda es otra práctica de atención plena integrada en la TCBAT. Una respiración profunda es una técnica útil que calma el sistema nervioso en momentos de estrés. Puede resultar útil en momentos en los que tenga la necesidad de reaccionar ante esos factores estresantes.

El estrés, en general, se puede reducir con la ayuda de la TCBAT porque le brinda la capacidad de ser más consciente de sí mismo/a en el presente. Por lo tanto, su atención se centra en los asuntos que tiene en mano, sin dejarle tiempo libre para pensar demasiado y preocuparse por ciertas situaciones en el futuro o el pasado. Estos factores han permitido a los que practican la TCBAT ser más resistentes al estrés y lidiar mejor con cualquier situación estresante.

Estado de ánimo mejorado

Con el esfuerzo conjunto de la TCC y la TCBAT, puede aprender a mejorar su estado de ánimo y lidiar con la depresión. Incluso la gente con ansiedad y depresión puede aprender a aplicar técnicas de TCBAT para evitar que esos sentimientos menores de tristeza se conviertan en un estado de duelo más profundo.

La práctica constante de la atención plena ha demostrado ser útil para ayudar a la gente a conectarse con su propósito en la vida; por lo tanto, no tiene tiempo para sentirse inútil o perdida. Se debe a que la atención plena le enseña a la gente a estar y vivir en el presente y a estar más agradecida por la vida cotidiana. Cuando preste más atención a lo que está sucediendo en el presente en lugar de dejarse llevar por pensamientos o preocupaciones y distracciones externas, no solo estará más agradecido/a; también notará su valor para el mundo. Algunos estudios han demostrado que la atención plena es útil para desarrollar el área del cerebro que reduce la ansiedad y aumenta los sentimientos positivos.

Se ha demostrado a través de muchos estudios y mucha investigación que la TCC y la TCBAT son excepcionales para tratar la depresión y la ansiedad, entre muchos otros problemas de salud mental. Si está confundido/a acerca de qué método de terapia sería adecuado para usted, pida la opinión de su terapeuta.

Capítulo Nueve: Tres Técnicas de Meditación de Atención Plena Que Debería Conocer

La atención plena facilita entender sus pensamientos y patrones de comportamiento. Le anima a apreciar las pequeñas alegrías de la vida sin atascarse con el estrés habitual. Siendo consciente, se ajustará más y se juzgará menos a sí mismo/a, a los demás y a cualquier situación de la vida. Al descubrir la conexión entre la espiral descendente y el pensamiento negativo, ya no se sentirá desamparado/a y estará mejor equipado/a para lidiar con su vida. Se anima a dejar de albergar expectativas ridículamente altas de sí mismo/a mientras se permite quererse por lo que es.

Del capítulo anterior sobre la atención plena y su conexión con la TCC, debería haber entendido cómo la meditación de la atención plena es una forma eficaz de controlar nuestros sentimientos de estrés y ansiedad. Se puede usar para lograr un estado de relajación durante los ataques de pánico, ya que la atención plena ayuda a ralentizar los pensamientos acelerados mientras se concentra en el presente, deja ir la negatividad y calma tanto su mente como su cuerpo. Para comprender mejor estas técnicas, comencemos por comprender la meditación en sí.

Conceptos Básicos de la Meditación

La meditación implica permanecer en una posición relajada y concentrar su psique en una idea mientras la limpia de todas las demás. Su concentración puede estar en un sonido, o en su respiración, en contar o en nada. Un aspecto deseable de la meditación es que la mente no siga cada nuevo pensamiento que surge. La meditación, al ser popular, definitivamente tiene diferentes formas y estilos, pero todos siguen patrones específicos como se explica a continuación:

Mantener la mente calma

Están sucediendo muchas cosas en nuestro mundo y es bastante difícil mantener calma nuestra mente pensante. No obstante, con la meditación, es posible mantener la voz baja. Significa que no está concentrado/a en las cosas de su trato diario que le ponen en un estado de estrés, no se concentra en los problemas de su vida. Debe saber que, sin una práctica constante, le resultará difícil apagar estas voces dentro de su cabeza.

Estar en el momento

Es fundamental que aprenda a mantener la mente concentrada en el presente. Con la meditación es posible, ya que todas las formas de meditación implican centrarse en el presente. Estar en el presente consiste en experimentar cada momento, luego dejarlo ir y después pasar al siguiente. Esto requiere mucha práctica, ya que concentrarse en el momento puede ser difícil debido al tiempo que dedicamos a pensar en el futuro o contemplar el pasado.

Vale la pena señalar que la meditación se anuncia ampliamente como una práctica que mejora la salud. Las razones se mencionan a continuación:

Beneficios para la salud

La meditación ha proporcionado un gran número de beneficios positivos, desde reducir los síntomas del estrés hasta mejorar la inmunidad. Reduce los episodios de depresión y ansiedad. También mejora la concentración.

Beneficios sociales

Se ha informado que ayuda a mejorar las relaciones y también la creatividad. Esto contribuye en gran medida a reducir los casos de baja autoestima y juicio interior, que reducen la productividad individual. Gozar de estos beneficios le ayuda a dar lo mejor de usted en cualquier situación que se le presente, ya sea en el trabajo, la escuela o en casa.

Asequible

La meditación no es una de esas prácticas de autocuidado que requieran de muchos fondos; es prácticamente gratis. Sus ingresos no pueden evitar que disfrute de todos los beneficios que se obtienen de la meditación.

Productividad

La meditación solo requiere unos pocos minutos (¡tan solo cinco minutos!) al día para producir todos sus beneficios.

Juntando todas estas razones, le resultará más fácil ver por qué en la actualidad, la meditación se ha convertido en un complemento popular de las prácticas médicas.

Meditación con Atención Plena

La atención plena implica centrarse en el momento presente en lugar de pensar en el futuro o el pasado. Podría centrarse en una sensación en particular, no para que usted examine la sensación, sino para experimentarla tal como es. Otro ejemplo es concentrarse en un objeto, no para juzgarlo, sino para saborear la experiencia de la sensación que está obteniendo de él. En otros casos, podría concentrarse en su respiración.

Ciertos componentes individuales son cruciales para practicar la meditación con atención plena. Estos componentes incluyen:

Atención

Esta es su capacidad para poner selectivamente su atención o conciencia en solo una de las muchas sensaciones que actualmente bombardean su mente o cuerpo, durante un período prolongado sin distraerse. Imagine los miles de sentimientos que le están llegando en este momento; el viento que sopla contra su piel, el sonido del ventilador de techo, el zumbido del aire acondicionado, la presión de la superficie en la que está sentado, el sabor de su boca, la subida y bajada de su vientre, etc. Todos están exigiendo su atención, y es una habilidad sobresaliente poder concentrarse en solo uno durante algún tiempo sin distraerse. Suele ser difícil para la mayoría de la gente, ya que el mundo en el que vivimos está repleto de muchas cosas que llaman nuestra atención a medida que realizamos nuestras actividades en el trabajo y el hogar. ¡Se ha vuelto difícil sentarse a leer un libro durante solo 10 minutos!

Esto requerirá mucha práctica, pero valdrá la pena. Se recomienda que se mantenga alejado/a de distracciones como la computadora, la televisión, la radio y su teléfono inteligente cuando realice la meditación de atención plena.

Claridad Sensorial

El siguiente componente habla de cuan bien comprende la información que se transmite a partir de los datos sin procesar que se están ensamblando en su mente. A veces, lo que pensamos que sabemos de situaciones particulares no es así, y estos conceptos erróneos pueden provocar una ansiedad innecesaria. Por lo tanto, es fundamental que comprenda con calma su situación antes de actuar. Puede compararse con mirar a través de un microscopio al principio, se mira a través de menos aumentos. Más adelante, después de una comprensión profunda de la muestra con ese aumento, puede cambiar la lente a una de mayor aumento para apreciar mejor la muestra. Esto es para decirle que cuanto más practica, más claro ve.

Ecuanimidad

Esta es una habilidad crítica que implica experimentar sentimientos y sensaciones sin ser afectado/a o reaccionar emocionalmente frente a ellas. Esta habilidad es una forma de "descentrarse", que consiste en prestar atención y aceptar todos los pensamientos que llegan, pero sin reaccionar a ellos.

Técnicas de Meditación de Atención Plena

Todas estas técnicas siguen procedimientos específicos; tomar nota de una sensación particular, etiquetar su canal de conciencia y saborear su experiencia sin emitir juicios. "Canal de conciencia" se refiere a cómo se ha dado cuenta del sentimiento en el que está enfocado/a. En este punto, debe entender la diferencia entre conciencia interna y externa. Estos canales se ven tanto en la conciencia interna como en la externa, e incluyen:

Ver

La visión exterior se refiere a imágenes de objetos formados en la retina de los ojos, mientras que la visión interior se refiere a su imaginación.

Escuchar

La audición externa ocurre a través de nuestros oídos, mientras que la conciencia interna toca una melodía en nuestra mente o participa en un monólogo interno.

Sentir

El sentimiento externo habla de los diversos estímulos que puede sentir dentro y fuera de su cuerpo, mientras que el sentimiento interno habla de sus emociones como nerviosismo, miedo, ira, tristeza, felicidad, alegría, etc.

Dicho esto, algunas técnicas analíticas que debe conocer incluyen:

Tres minutos de espacio para respirar

Para realizar este ejercicio, puede pararse, sentarse o acostarse. Encuentre una posición cómoda para comenzar. El primer paso es tomar plena conciencia de sí mismo/a. Concéntrese en lo que está pasando en su mente y cómo se siente. Detenga cualquier actividad en la que estuviera involucrado/a y pase toda su conciencia de regreso a su cuerpo, pensamientos, sentimientos y respiración. Evite mover su cuerpo y concéntrese lentamente en usted mismo/a.

Al hacer esto, es posible que se encuentre con pensamientos o creencias negativos específicos presentes en su mente. Siempre que se encuentre con alguna negatividad, no intente ignorarla o evitarla. En cambio, permítase sentir lo que sea que esté sintiendo. No intente cambiar nada en esta etapa. En cambio, reconozca estos pensamientos y déjelos pasar. Ahora, repita este paso para cualquier otro sentimiento o sensación presente en su cuerpo. Siempre que note tensión en una parte específica de su cuerpo, reconózcala y siga adelante.

La segunda parte de este ejercicio es concentrarse en una cosa, y esa es la forma en que respira. Respire y concéntrese en la forma en que se mueve su abdomen. Siempre que inhala, su abdomen empuja hacia arriba y cuando exhala, cae. Permita que este paso ancle sus pensamientos y deje que el efecto de conexión a tierra le inunde. Una vez que haya logrado reunir y concentrar sus pensamientos y energía en sí mismo/a, puede comenzar a enfocar la sensación de conciencia a lo largo de su cuerpo.

Para realizar este ejercicio, puede configurar un temporizador si lo desea. Configurando un temporizador durante tres minutos, sabrá cuándo comenzar y finalizar el ejercicio. Lo mejor de este ejercicio es que se puede realizar en cualquier lugar y en cualquier momento. Siempre que empiece a sentirse ansioso/a, estresado/a o incluso preocupado/a, tómese un descanso de cualquier actividad que esté realizando y concéntrese en su respiración.

Estiramiento de atención plena

Una gran cosa acerca de la práctica de la atención plena es que puede hacer esto durante todo el día y también puede incorporarla fácilmente a sus rutinas de ejercicio. Antes de comenzar a hacer ejercicio, concéntrese siempre en estirar el cuerpo. Ayuda a aliviar cualquier tensión o ansiedad presente en su interior. El estiramiento es crucial porque ayuda a reducir el riesgo de lesiones mientras mejora su rendimiento físico. Además, también ayuda a revitalizar su cuerpo y prepararlo para el ejercicio que se avecina. Siempre que estira, aumenta el suministro de sangre y oxígeno a todas las células de su cuerpo. El estiramiento de la atención plena también aumenta su estado de conciencia al mismo tiempo que aporta equilibrio a su cuerpo físico.

La pandiculación puede parecer un proceso complicado, pero es un simple ejercicio de estiramiento. Este ejercicio consta de tres simples etapas. El primer paso es prestar atención a los músculos de su cuerpo mientras los contrae voluntariamente. La segunda fase consiste en liberar estos músculos lentamente y la tercera etapa es la relajación. Puede realizar este ejercicio en cualquier lugar, incluso estando acostado/a. Trate de contraer todos los músculos de su cuerpo, libérelos lentamente y luego sienta que la relajación le invade.

Mientras estira, asegúrese de estirar los músculos correctos; evite poner tensión innecesaria en sus articulaciones o músculos, y estire lentamente. Si sigue estas sencillas precauciones, puede asegurarse de no lesionarse al estirar ni causar ningún dolor.

Hay diferentes posturas de yoga que puede incluir en su ejercicio de estiramiento consciente. De hecho, la mayoría de las posturas de yoga incluyen algún tipo de estiramiento.

Escaneo del cuerpo

Para comenzar este ejercicio, puede recostarse horizontalmente en el suelo con el rostro y el torso hacia arriba o sentarse en una silla. Si está sentado en una silla, asegúrese de que sus pies estén firmemente plantados en el suelo mientras sus manos reposan sobre sus muslos. Elija una posición cómoda para comenzar el ejercicio.

Permita que su atención se concentre únicamente en su cuerpo y evite inquietarse o moverse durante este ejercicio. Solo haga movimientos deliberados cuando tenga que reajustar su posición.

Esta técnica utiliza principalmente su respiración para crear un centro de conciencia. Use su respiración para concentrarse en su cuerpo. No intente cambiar su forma de respirar; una vez que se hace consciente de su respiración, el siguiente paso es prestar atención a su cuerpo. Observe cómo se siente dentro de su piel y observe cómo se siente su cuerpo. Note cómo se siente la superficie sobre la que está acostado (o sentado), su entorno y la temperatura de su cuerpo. Mientras hace esto, sea más consciente y preste más atención a cualquier dolor, molestia, cansancio o sensación de hormigueo en diferentes partes de su cuerpo. Además, tome nota mental de las diferentes partes de su cuerpo donde no siente ninguna sensación o es extremadamente sensible.

Mientras realiza un escaneo corporal, debe concentrarse en cada parte de su cuerpo, desde la punta de los dedos de los pies hasta la coronilla. No ignores nada. Cambie lentamente su enfoque de una parte del cuerpo a otra y tome nota de cómo se siente.

Una vez que haya hecho un balance de cada parte de su cuerpo, es hora de finalizar el escaneo corporal. Para ello, vuelva lentamente su conciencia a su entorno. Cambie su enfoque a su respiración concentrándose en la forma en que la respiración entra y sale de su cuerpo. Es hora de abrir lentamente los ojos y volver al mundo real.

Atención Plena Diaria

La TCBAT prescribe diferentes técnicas de atención plena que puede realizar en su vida diaria. Estas actividades le ayudan a estar más consciente de su cuerpo, mente y cualquier emoción o sentimiento que experimente. Una vez que se da cuenta de todas estas cosas, es más fácil cambiar las creencias o emociones indeseables. La atención plena se puede practicar mientras se ducha, come, hace ejercicio, lava los platos, incluso mientras hace la cama por la mañana.

Como la atención plena requiere mucha práctica, practicar la atención plena todos los días es la mejor manera de adoptarla como estilo de vida. Aprovechar la oportunidad de practicar la atención plena cada vez que se le presente le ayudará a mantener un sentido saludable de conciencia y equilibrio a lo largo del día. Esto se ve en:

Ducharse conscientemente, consiste en mantener su atención en lo que puede ver, oír y sentir mientras se ducha. Mientras nos duchamos, la mayoría de nosotros tendemos a pensar en cosas diferentes. Evite hacer esto. Concéntrese solo en cómo se siente el agua en su cuerpo. Imagine que el agua se lleva todo tu estrés y ansiedades; concéntrese en limpiar su cuerpo físico y nada más. Preste atención a la temperatura del agua, la forma en que el jabón se siente en su cuerpo o cualquier otra sensación que experimente mientras se enjabona.

Comer conscientemente es mantener su atención en lo que sea que esté comiendo. Siempre que esté comiendo, asegúrese de que toda su concentración esté en la comida que consume. Deshágase de cualquier dispositivo electrónico u otras distracciones, lo que le permitirá concentrarse en la tarea de comer. Mastique lentamente la comida antes de tragarla. Aprenda a saborear cada bocado que coma. Es una excelente manera de ser más consciente del tipo de alimento que le da a su cuerpo.

El lavado consciente de la vajilla solo debe hacerse cuando tenga unos pocos platos para lavar. Lavar los platos con atención es observarse a sí mismo/a limpiando los platos sucios y escuchar los sonidos del lavado de platos, como el agua que fluye. Incluso puede prestar atención a los olores si está de acuerdo.

Hacer su cama conscientemente se hace moviéndose deliberadamente y con un propósito mientras hace su cama. Trate de hacer su cama con cuidado y deliberadamente. Si por lo general es bastante rápido/a y descuidado/a al hacer esto, comience a prestar atención a la tarea por hacer. Incluso, aunque sea una actividad bastante prosaica, es una excelente manera de tomar conciencia de sí mismo/a. Concéntrese en la textura de las sábanas, la suavidad del colchón o incluso la apariencia de las almohadas. Ponga todo en lo que está haciendo, por poco interesante que parezca.

Preste atención a su tono muscular, sus patrones de respiración y su forma de andar. Tendemos a quedar atrapados en las distracciones de la respiración pesada y el dolor durante el ejercicio; trate de tener una experiencia sin todo esto. Practicar la atención diaria es una oportunidad para mantener la conciencia y crear equilibrio a lo largo del día.

Es muy importante pasar tiempo con sus seres queridos, pero también necesita un poco de tiempo para usted. Tómese un descanso de todo y pase un tiempo consigo mismo/a. Durante "su tiempo", evite cualquier distracción; mantenga alejado su teléfono, no revise su correo electrónico ni mire televisión. Hay tiempo para volver a estas tareas más tarde. Por ahora, concéntrese en cómo se siente su cuerpo, sus pensamientos y cualquier sentimiento que esté experimentando. Olvídese del mundo exterior y sintonícese consigo mismo/a. Es una excelente manera de practicar el amor propio. Una vez que se dé cuenta de todo esto, será más fácil sanar su cuerpo.

Observación consciente es un ejercicio simple que le permite conectarse con todo lo que sucede en su entorno. La mayoría de nosotros tenemos prisa y nos perdemos las pequeñas cosas de la vida. Comience eligiendo un objeto presente en su entorno inmediato y concéntrese solo en ese objeto durante un par de minutos. Puede concentrarse en una flor, un árbol, una nube o cualquier otra cosa que quiera. Mientras hace esto, observe cuidadosamente todo lo relacionado con el objeto. Una vez que se sienta más tranquilo/a y no haya pensamientos que se desboquen en su cabeza, es hora de volver a su vida normal.

La conciencia plena ayuda a aumentar su conciencia, así como a desarrollar una apreciación por todas las actividades de rutina que realiza. Piense en cualquier actividad que realice varias veces al día. Quizás podría ser abrir una puerta, beber agua o cualquier otra cosa que simplemente haya dado por sentado. Deténgase un momento y piense en cómo se siente cada vez que realiza la actividad. ¿Cómo se siente cuando bebe agua? ¿Cómo se siente cuando enciende su portátil? La próxima vez que se encuentre con algo que le haga sonreír, aprenda a apreciarlo. Podría ser algo tan simple como compartir una comida con sus seres queridos o tener una cama cómoda para dormir por la noche. En lugar de pasar por su vida en piloto automático, tómese un par de minutos para apreciar todo lo bueno de su vida.

Escuchar conscientemente es la capacidad de escuchar sin ningún juicio ni prejuicio. Nuestras reacciones, percepciones y pensamientos sobre la mayoría de las cosas que vemos y escuchamos a diario se basan en nuestras experiencias pasadas. Una vez que aprenda la habilidad de escuchar conscientemente, podrá escuchar todo lo que encuentre desde una perspectiva neutral. Puede comenzar con algo tan simple como escuchar canciones. No juzgue una canción en función de su letra, género, artista, título o cualquier otra cosa. En cambio, simplemente escúchela y deje que su mente explore la música. Permítase perderse en el ritmo y el sonido. La idea es dejar de lado las nociones preconcebidas e intentar involucrarse en el presente.

La inmersión consciente ayuda a crear satisfacción en el presente. Se trata de vivir una rutina en lugar de simplemente hacer las cosas antes de pasar a otra cosa. No piense en ordenar el desorden como una tarea tediosa, y en su lugar, preste atención a todos los pequeños detalles relacionados con esta actividad. El objetivo es intentar encontrar nuevas emociones mientras se realizan tareas repetitivas. Cuando se da cuenta de todas las cosas que hace, su disposición a hacerlas aumenta mientras eleva su experiencia general.

La apreciación consciente es bastante sencilla. Tómese un par de minutos al día y observe cinco cosas que no haya apreciado en su vida diaria. Este ejercicio le ayuda a apreciar más todas las cosas aparentemente insignificantes de su vida. La mayoría de nosotros nos olvidamos de todas las pequeñas cosas de la vida porque estamos concentrados en alcanzar las metas. Aprenda a estar agradecido/a por cada aspecto de su vida. Probablemente tenga cosas que deseaba hace un par de años. Entonces, ¿por qué no está agradecido/a por todo lo que tiene ahora? En lugar de sentirse arrepentido más tarde, es mejor estar un poco agradecido ahora mismo.

Evite ser crítico/a. La atención plena es su capacidad para aceptar todo sobre usted mismo/a. Acepte los sentimientos, pensamientos y sensaciones que experimente. Incluso todas esas cosas que podría haber etiquetado como peligrosas y autodestructivas siguen siendo parte de usted. En lugar de ignorarlas o guardarlas en un rincón oscuro de su mente, acéptelas. La simple aceptación de estas cosas no las hará realidad. Aprenda a comprender que sus pensamientos son solo pensamientos. A menos que actúe sobre ellos, no se volverán reales. Por lo tanto, no se deje abrumar por todo esto. Una vez que deje ir todo esto, se sentirá mejor consigo mismo. Todo el estrés que solía experimentar se desvanecerá lentamente.

Independientemente de la tarea que esté realizando, asegúrese de que toda su atención esté centrada en la tarea que tiene entre manos y nada más. Al hacer esto, no solo podrá dedicar el 100% a las actividades que realiza, sino que también mejorará su autoconciencia. Si desea aumentar su eficiencia y efectividad, comience a ser consciente todos los días.

Otras Prácticas Meditativas

Otras prácticas meditativas generalmente involucran dos categorías básicas de enfoque: la que se concentra y la que no concentra. La que se concentra habla de tener un objeto particular en el centro, como la llama de una vela, mientras que la que no concentra tiene un enfoque más amplio, como los sonidos en su entorno. Sin embargo, tenga en cuenta que algunos de estos enfoques tienen una superposición de categorías. A continuación, se muestra una breve descripción de algunas de estas prácticas:

Meditación Básica

La meditación implica sentarse en una posición relajada purgando su mente o centrando su psique en nada.

Meditación Enfocada

Esta es solo el tipo básico, pero tiene algo en lo que se está enfocando/a, aunque no debe concentrar sus pensamientos o atención en ese algo.

Meditación Espiritual

Aunque la meditación no es específica de ninguna religión, puede ser una práctica espiritual. Para mucha gente, orar para buscar guía o sabiduría interior puede ser una forma de meditación.

Cosas para Tener en Cuenta mientras Medita

• La práctica constante es más importante que la práctica inconsistente prolongada, pero para obtener los mejores resultados, es aconsejable tener una práctica diaria breve con un ejercicio largo ocasional, como ir a un retiro de atención plena.

• La práctica habitual es más importante que un método perfecto, ya que cualquier meditación es mejor que ninguna. Así que no pierda el tiempo tratando de averiguar los detalles de la técnica; ¡comience! todo lo demás vendrá solo.

• Acepte que es normal que su mente deambule incluso cuando medita.

Para concluir, no espere más, póngase en una postura cómoda para sentarse y comience a meditar.

Capítulo Diez: ¡No Entre en Pánico! Cómo Detener un Ataque de Pánico con Atención Plena

Los ataques de pánico son oleadas repentinas y severas de miedo, pánico y ansiedad; son abrumadores, y la gente con un ataque de pánico puede mostrar síntomas tanto físicos como emocionales. Implica sentimientos repentinos de terror que atacan sin previo aviso y pueden ocurrir en cualquier momento, incluso durante el sueño. Los ataques de pánico pueden hacerle pensar que se está muriendo, que se está volviendo loco o que está por tener un ataque cardíaco. Sin embargo, esto podría no ser real; el miedo y el terror pueden no estar relacionados con lo que sucede a su alrededor y no están en proporción a la situación real.

Señales y Síntomas

Los ataques de pánico se presentan con síntomas como dificultad para respirar, temblores, sudoración profusa y pulso acelerado. En otros casos, puede experimentar dolor en el pecho o sentirse separado de sí mismo.

Los ataques de pánico pueden ocurrir cuando está calmo/a o ansioso/a. Aunque el ataque de pánico es un síntoma del trastorno de pánico, es normal tener ataques de pánico en el contexto de otros trastornos psicológicos. Por ejemplo, si tiene un trastorno de ansiedad social, es posible que tenga un ataque de pánico antes de pronunciar un discurso en una conferencia. Si tiene un trastorno obsesivo-compulsivo, es posible que tenga un ataque de pánico cuando se le impida participar en un ritual. Los ataques de pánico no son agradables y pueden afectar el comportamiento social.

Los ataques de pánico son la aparición de un miedo o malestar severo que alcanza el punto más alto en minutos. Puede saber si está teniendo un ataque de pánico si tiene al menos cuatro de los síntomas siguientes:

Dificultad para respirar

Sensación de asfixia

Dolor en la región del pecho

Inestabilidad y náuseas

Corazón palpitante, palpitación clara o frecuencia cardíaca acelerada

Temblores o agitación y sudoración

Problemas abdominales

Mareos, sensación de desvanecimiento o desmayo

Parestesia (sensación de entumecimiento u hormigueo)

Sentimientos de desapego de la realidad o de uno mismo

Escalofríos

Tener miedo de perderse

Ataque de Pánico Versus Trastorno de Pánico

Tener un ataque de pánico no significa necesariamente que tenga un trastorno de pánico son bastante diferentes. Uno de cada tres adultos experimentará al menos un ataque de pánico en su vida, pero la mayoría de ellos no va a tener un trastorno de pánico.

Un ataque de pánico puede provenir de estar estresado. Algunas otras enfermedades, como las fobias o el trastorno de estrés postraumático, también pueden presentarse con los síntomas de los ataques de pánico. Por ejemplo, en el trastorno de estrés postraumático, puede ocurrir un ataque de pánico cuando una persona regresa al lugar donde ocurrió el trauma. Esta gente suele tener miedo del impacto que pueda causarles y no del ataque de pánico en sí.

Cómo Saber si Padece un Trastorno de Pánico

Hay varias formas de ayudarle a determinar si realmente tiene un trastorno de pánico y no simplemente está experimentando un ataque de pánico. Algunos de estos incluyen:

- Si le pasa muchas veces

- Si es propenso a experimentar mucho miedo a sufrir otro ataque

- Si suele aparecer de forma inesperada

- Si se encuentra sentado/a cerca de las salidas o los baños, o sea que tenga una ruta de escape fácil en caso de que sufra un ataque

- Si tiene miedo de que sucedan ciertas cosas malas si le da un ataque, como sentirse avergonzado en público

- Si evita ubicaciones o situaciones específicas y solo se permite experimentarlas si tiene un amigo o familiar con usted o a ciertos artículos como medicamentos

- Si evita las actividades físicas, la comida o las actividades del día a día porque teme que puedan desencadenar un ataque de pánico

- Si tiene uno o más de estos síntomas, sería una buena idea consultar a un médico

Ataque de Ansiedad Versus Ataque de Pánico

La mayoría de la gente usa los términos ansiedad y ataque de pánico indistintamente, pero son dos experiencias diferentes. El DSM-5 (Manual Diagnóstico y Estadístico de los Trastornos Mentales, 5a edición) describe las características del trastorno de pánico o los ataques de pánico que ocurren debido a otro trastorno mental. Los ataques de pánico comienzan a disminuir después de alcanzar su nivel máximo de intensidad a los 10 minutos. Por el contrario, la ansiedad se utiliza para describir una característica central de múltiples trastornos de ansiedad diferentes. Los síntomas que resultan de estar en un estado de estrés (como inquietud, dificultad para respirar, aumento de la frecuencia cardíaca y dificultad para concentrarse) pueden sentirse como un ataque, pero generalmente no son tan intensos como los experimentados en el punto álgido de un ataque de pánico.

A quién afecta

El ataque o trastorno de pánico puede afectar a cualquier persona, pero hay ciertos grupos a los que afecta con más frecuencia que a otros.

•Mujeres: como la mayoría de los otros trastornos de ansiedad, las mujeres maduras tienen más probabilidad de experimentar un ataque o trastorno de pánico que los hombres adultos.

•Adultos: el trastorno de pánico suele aparecer a mediados de los veinte años, aunque puede ocurrir a cualquier edad. La mayoría de la gente con un trastorno de pánico experimentaron el inicio antes de los 33 años. Aunque puede existir en los niños, a menudo no se nota hasta que maduran.

• Gente que padece una enfermedad crónica: la mayoría de la gente con ataques o trastornos de pánico informa que le han diagnosticado al menos otra enfermedad física o mental crónica.

●Tiene un mayor riesgo de tener un trastorno de pánico si tiene antecedentes familiares.

Causas

La gente con genes específicos es susceptible al trastorno de pánico. Sin embargo, no se han identificado los patrones genéticos particulares asociados con una alta susceptibilidad. Usted tiene un mayor riesgo de desarrollar ataques de pánico si a uno o a ambos padres le han diagnosticado depresión, ansiedad o trastorno bipolar.

Los ataques de pánico pueden desencadenarse por:

●Estrés laboral

●Estrés social

●Varias fobias

●Abstinencia de drogas o alcohol

●Enfermedades o dolor crónico

●Medicamentos o suplementos

● Conducir

●Cafeína

●Recuerdos de traumas graves que sucedieron en el pasado.

Duración de un Ataque de Pánico

Aunque el tiempo varía de individuo a individuo, los ataques de pánico generalmente alcanzan su punto más alto en diez minutos o más, y luego los síntomas comienzan a disminuir. Rara vez duran más de una hora, y la mayoría dura alrededor de treinta minutos.

¿Con qué frecuencia ocurre un ataque de pánico?

Es diferente para diferentes personas, puede tener un ataque de pánico y nunca experimentar otro, y puede tener ataques una vez al mes o incluso varias veces a la semana.

¿Puede un ataque de pánico matarle?

Los ataques de pánico causan diferentes problemas y muchas personas sienten que están a punto de morir cuando los experimentan. Sin embargo, tener un ataque de pánico no puede matarle.

Formas de Detener un Ataque de Pánico

La atención plena está estrechamente relacionada con la meditación y se puede practicar en cualquier momento, ya sea caminando, descansando o haciendo ejercicio. La atención plena es como la meditación en movimiento. La gente con atención plena es optimista sobre el presente y mantiene la mente abierta. No están contemplando ni pensando en cosas del pasado, ni están preocupados por lo que les depara el futuro. La atención plena requiere que mantenga una mente sin preocupaciones. Necesitará concentrar su atención y su percepción desde el interior de su cabeza hacia fuera porque hay muchas cosas más emocionantes en el exterior. Puede practicar la atención plena mientras camina y trabaja al aire libre y practica deportes. Es la atención plena lo que le ayudará a desviar su atención del dolor sufrido durante el ejercicio a tener una sensación agradable. La atención plena cambiará su perspectiva de cualquier situación a la que la aplique, y la práctica constante de la atención plena eventualmente mejorará sus patrones de pensamiento y su mentalidad general.

Aquí hay algunos pasos para detener un ataque de pánico:

- Respire profundamente
- Reconózcalo como un ataque de pánico
- Cierre los ojos

- Practique la atención plena
- Concéntrese en un objeto
- Relaje los músculos
- Encuentre su lugar donde se siente feliz
- Haga ejercicio liviano
- Repita su mantra
- Tome benzodiazepinas

Reconozca que es un ataque de pánico y no un ataque al corazón

Los ataques de pánico vienen con el síntoma de pensar que tiene un peligro por delante o que se está muriendo. Estos síntomas pueden dar miedo, pero lo primero que debe hacer es eliminar ese miedo y reconocer que simplemente está sufriendo de un ataque de pánico. Asegúrese de que no tenga un destino inminente y acuérdese que es temporario, pasará y se sentirá bien. Esta aceptación le permitirá concentrarse en otras técnicas para tratar sus síntomas.

Respiración profunda

La primera forma práctica de lidiar con un ataque de pánico es practicar la respiración profunda. Concéntrese en respirar profunda y lentamente por la nariz hasta que el aire le llene el pecho, luego expire por la boca. Después de unas pocas respiraciones, debe relajarse para recuperar el ritmo. La esencia de la respiración profunda es la respiración controlada. Es vital que cuente el número para una respiración óptima y para prevenir la hiperventilación. La hiperventilación puede empeorar otros síntomas; sin embargo, si puede controlar su respiración haciendo un recuento, es menos probable que la experimente.

Elimine cualquier estímulo visual

Un ambiente ruidoso, con varios estímulos visuales, puede desencadenar el ataque de pánico. Una vez que sienta que tiene un ataque de pánico, cerrar los ojos reducirá estos estímulos y evitará captar más información visual para que pueda concentrarse fácilmente en respirar y controlar el ataque.

Enfóquese en un objeto

Centrarse en un solo objeto puede ser beneficioso durante un ataque de pánico. Busque un objeto que esté cerca suyo y analícelo cuidadosamente. Tratar de explicarlo hará que su mente se concentre en el objeto y dejará de pensar en otros síntomas del ataque de pánico. Por ejemplo, puede optar por analizar cuidadosamente cómo está colocado un zapato en un estante. Si está mal colocado o no encaja, puede intentar describirse cómo debería ser para usted o qué tipo de zapato encajaría en su lugar. Con este enfoque rápido, cualquier síntoma de pánico que sienta puede desaparecer.

Atención plena

Un ataque de pánico puede hacer que se separe rápidamente de la realidad. Mantener su mente en el presente puede desviar sus sentidos de la intensidad de la ansiedad. Puede asignase una pequeña tarea. Identifique cuatro cosas que le rodean, sienta la textura de tres objetos, escuche dos sonidos diferentes o huela algo que pueda desencadenar un recuerdo. Este ejercicio tiene como objetivo mantenerle conectado/a a la realidad y no pasar de una preocupación a otra.

Técnicas de relajación muscular

Una técnica popular para hacer frente a los ataques de pánico es la relajación muscular. A veces, sus músculos pueden ponerse tensos inconscientemente en respuesta a lo que cree que es una situación peligrosa. Las técnicas de relajación muscular le ayudan a controlar la respuesta de su cuerpo. En esta técnica, flexione repetidamente los músculos y luego relájelos. Después de la relajación, debe permanecer sentado/a para poder volver a estar alerta. Esta técnica es más efectiva cuando la ha practicado antes de que ocurra un ataque de pánico.

Lugar feliz

Probablemente tenga un lugar o una vista que le haga sentir completamente relajado/a. Cuando tiene un ataque de pánico, puede cerrar los ojos e imaginarse en su lugar feliz. Puede crear una imagen mental de la hermosa vista que le llegó cuando estaba en el avión, o de la tranquilidad que siente cada vez que escucha música en la playa. Sin embargo, trate de no pensar en áreas ruidosas como un parque concurrido o una calle llena de gente, incluso si estos son lugares de los que disfruta en su vida diaria.

El mantra interno

¿Alguna vez ha visto a alguien a punto de tener un ataque de pánico simplemente cerrar los ojos y empezar a mover los labios? Lo más probable es que esté repitiendo mentalmente una frase o dos que les ayude a afrontar el ataque. La repetición de un mantra, incluso sin pronunciarlo en voz alta, puede ser relajante y ke da algo a lo que aferrarse durante un ataque de pánico. Encuentre uno que le venga bien y que pueda recordar fácilmente; repítalo continuamente hasta que sienta que el ataque de pánico comienza a disiparse.

Ejercicio liviano

Las endorfinas son un salvavidas. Cuando nuestro cerebro libera esta sustancia química en nuestro torrente sanguíneo, nos sentimos felices y con energía. El ejercicio liviano hace maravillas cuando se trata de inundar nuestro sistema con endorfinas, y esto finalmente mejora nuestro estado de ánimo drásticamente. Puede elegir un entrenamiento leve que sea suave para el cuerpo cuando esté estresado, como dar un paseo o tal vez un trote rápido por el parque.

Benzodiazepinas

Aunque las benzodiazepinas pueden ser adictivas, son un medicamento que puede ayudarle a tratar los ataques de pánico. Solo recuerde que el cuerpo puede adaptarse fácilmente a con el tiempo y, por lo tanto, solo debe usarse en raras ocasiones y en casos de necesidad urgente. Cuando está teniendo serios ataques de pánico y puede sentir que se acerca uno en la peor de las situaciones, es entonces cuando le resultarán útiles.

Llevar un diario

Mantener una nota de lo que sucede cada vez que se pone ansioso/a o tiene un ataque de pánico puede ayudarla a detectar los patrones que desencadenan estas experiencias para usted y esto, a su vez, le ayudará a pensar en cómo lidiar con estas situaciones en el futuro. También puede intentar anotar los momentos en los que puede controlar su ansiedad con éxito; esto, a su vez, puede ayudarle a que controla más el estrés que siente.

Cómo ayudar a alguien con un ataque de pánico

Si alguna vez se encuentras con una persona que sufre un ataque de pánico, no tema. No debe aumentar el estrés de la persona entrando usted en pánico o gritándole. En cambio, puede probar algunas de estas formas de ayudar.

- Mantenga la calma, no grite ni le agregue su miedo a la angustia de la persona.

- Hágale preguntas. Si no es la primera vez, pregúntele si usa ciertos medicamentos y si puede ayudarle con ellos.

- No crea que sabe todo lo que está sucediendo. Pregúntele por la causa del pánico y qué necesita.

- Sea alentador/a y positivo/a al hablar con oraciones simples que pueda entender fácilmente.

- Evite que la persona entre en hiperventilación animándola a respirar más lenta y profundamente.

También puede decirle cosas como:

- "¿Qué puedo hacer para ayudarle a superar esto?".

- "Lo está haciendo bien y estoy orgulloso de usted.

- "Este ataque no es peligroso para nada, aunque puede dar miedo".

Adopte este sencillo enfoque y descubrirá que puede:

- Reducir el estrés en una situación muy estresante.

- Evite que suceda lo peor en la situación.

- Ponga freno a una experiencia complicada.

Puede ayudar a alguien a recuperarse de un ataque de pánico al:

- Darle a la persona la autonomía para proceder en la terapia a su propio ritmo.

- Ser paciente y abordar todos los esfuerzos hacia la recuperación, aunque la persona puede no cumplir con todos los objetivos.

- Evitar cosas o situaciones que puedan provocarle ansiedad.

- Sin entrar en pánico, incluso cuando la otra persona entra en pánico.

Está bien que este preocupado/a y ansioso/a, pero puede controlarse a sí mismo/a y a la situación.

Afortunadamente, el trastorno de pánico y el ataque de pánico es una afección tratable, incluso hasta el punto de desaparecer por completo. La psicoterapia y los medicamentos se han utilizado como tratamientos eficaces, ya sea solos o combinados. Si es necesario otro medicamento, su médico puede recetarle medicamentos para la ansiedad. Existen ciertos antidepresivos o medicamentos anticonvulsivos que también tienen propiedades ansiolíticas y un tipo de medicamento para el corazón conocido como betabloqueantes, que ayuda a prevenir y controlar los episodios del trastorno de pánico.

Capítulo Once: Cómo Prevenir una Recaída

Desliz: un desliz es una vuelta corta a sentirse decaído/a o a sus viejos hábitos. Es una situación común y temporal.

Recaída: a diferencia de un desliz, una recaída es un deterioro o un regreso completos a su estado de salud inicial después de una mejora temporal.

Por ejemplo, tenía fobia a las arañas y ahora sabe que es mejor no gritar al ver una. Un poco, se tranquiliza, respira, se dice algunos pensamientos para hacer frente y gradualmente ignora a la araña. Entonces, si encuentra una araña en su habitación un día y grita, es un error. Si luego vuelve a gritar y correr cada vez que ve una araña, entonces podemos llamarlo una recaída.

Los deslices pueden progresar a recaídas, pero esto no debería suceder necesariamente. Puede evitar que un desliz se convierta en una recaída.

¿Cuándo un Desliz se Convierte una Recaída?

La creencia generalizada de que lo que se dice a sí mismo después de un fracaso puede recomponerlo/a o quebrarlo/a es muy aplicable aquí. Lo que piense y se diga a sí mismo después de un desliz puede llevarle de regreso al camino correcto o provocar una recaída. Ver un desliz como un fracaso puede enfermarle y provocar una recaída. Una mejor perspectiva es que si antes pudo tener bienestar emocional, puede volver a tenerlo; procese lo que sucedió antes y aprenda de su error.

Volviendo a nuestro ejemplo de la fobia a las arañas: si, después de evitar la araña todo el día, se dijera: "Parece que estoy recuperando viejos hábitos; ¡necesito mejorar mañana y recuperarme!" descubriría que su lapsus probablemente disminuiría o se detendría por completo, y ahora puede enfrentar sus ansiedades y miedos de frente. Si evitó las arañas todo el día y al final del día se dijera: "Todo mi arduo trabajo es un desperdicio, ahora estoy aquí de nuevo. ¡Ay, ¡soy un idiota! ¿Por qué lo intento cuando no tiene cura?". Esto no es realmente útil y no ayudará a su recuperación.

¿Puedo prevenir deslices y recaídas?

Sí, puede prevenir lapsos y recaídas, y aquí hay siete pistas que puede utilizar:

No renuncie a la práctica; la mejor manera de prevenir un error es practicar regularmente sus habilidades de TCC. Si la practica con regularidad, estará en buena forma para manejar cualquier situación que pueda enfrentar.

Compréndase a sí mismo/a (señales de peligro). La recaída no ocurre de repente. Ocurre durante un período de tiempo. Prevenir la recaída entendiéndose a sí mismo no es complicado. Entiéndase a sí mismo identificando sus desencadenantes, pidiendo ayuda y compartiendo sus sentimientos.

Nuevos desafíos. Todo el mundo es una obra en progreso y usted no es una excepción. Esto significa que siempre existe la posibilidad de mejorar, y puede trabajar sobre usted mismo y vivir una vida más plena. Será menos fácil retroceder a sus viejas costumbres si trabaja deliberadamente en nuevas formas de superar su ansiedad. Una excelente manera de evitar lapsos es desafiarse a sí mismo con regularidad y afrontar nuevas situaciones de miedo. Haga una lista de casos que le parezcan atemorizantes y comience a ponerse ansioso cuando piense en ellos y trabaje sobre ellos.

Aprenda de Sus Experiencias Pasadas. Los deslices no son sinónimo de fracaso, más bien son oportunidades para aprender y mejorar. Averigüe la situación que siempre le llevó a cometer un error y haga un plan que le ayude a afrontar mejor esas situaciones en el futuro.

Como se dijo anteriormente, lo que se diga a sí mismo/a después de un desliz puede afectar su comportamiento. Tenga algunas cosas positivas que decirse a sí mismo/a. La TCC le ha ayudado y no puede deshacerse de todo lo que ha aprendido. Volver al principio significa tener ansiedad y no saber cómo manejarla. Volver a practicar sus habilidades de TCC le ayudará a dominar su ansiedad nuevamente en poco tiempo.

Sea amable con usted mismo/a; recuerde que los deslices no son el fin del mundo, tómelo con calma y aprenda. Nadie está por encima de cometer errores; todos cometemos errores. Todos tratamos de hablar amablemente con la gente, así que haga lo mismo consigo mismo/a; no se diga cosas duras a sí mismo. Los deslices pueden ser una bendición a veces disfrazada porque tiene la oportunidad de aprender que puede volver a diseñar una nueva fórmula para lidiar con su situación.

Diviértase; asegúrese de tomarse siempre tiempo para descansar y relajarse de todo el arduo trabajo que está haciendo. Apréciese a usted mismo; cómprese una buena comida, compra algo nuevo o pase el rato con sus amigos. También puede recompensarse mimándose y tomándose un tiempo para relajarse.

Desencadenantes de la Depresión

La gente que tiene antecedentes de depresión puede tener desencadenantes que le provoque un episodio depresivo. Sin embargo, un evento que sea estresante para una persona no significa que desencadenará la depresión. Los desencadenantes varían de una persona a otra; lo que es difícil y estresante para usted puede resultar fácil para los demás.

Los Posibles Desencadenantes de la Depresión Incluyen:

Sucesos tristes

Varias situaciones de la vida, como la muerte de un ser querido o el trágico final de una relación muy apreciada, pueden desencadenar la depresión. Según un estudio, el 20% de la gente entra en depresión después de este tipo de pérdida.

Detener el tratamiento

La mayoría de la gente abandona el tratamiento después de sentir que sus síntomas están mejorando. Un alto porcentaje de esa gente ve que sus síntomas vuelven a aparecer gradualmente y puede entrar en otro episodio depresivo. Sorprendentemente terminar su tratamiento puede reducir su riesgo de recaída.

Eventos traumáticos

Recordar eventos que han causado un trauma en el pasado puede provocar una recaída. La gente que han tenido depresión como resultado de ataques o desastres tiene un alto riesgo de sufrir otro episodio.

Afecciones de salud

La gente a la que le han diagnosticado una enfermedad particular puede perder su autoestima y confianza. Pueden entrar en pensar demasiado y, en consecuencia, se deprimen. Si se encuentra en esta categoría, cuide su afección y evite que se apodere de su vida. Esto le dará control sobre la depresión.

Problemas financieros

Los problemas de dinero son causas frecuentes de preocupación. Una forma de evitarla es practicar un estilo de vida económico saludable. Arme un presupuesto y manténgase fiel al mismo. Además, es posible que desee crear un plan de ahorro, para no tener la tentación de gastar todo su dinero a la vez. Asista a programas que no cuestan una fortuna para que pueda pasar tiempo con familiares y amigos. Una mayor estabilidad financiera puede reducir el riesgo de sufrir una recaída.

Otros factores que debe identificar y evitar incluyen:

Cambios hormonales

Comportamientos adictivos

Problemas sexuales

Malos hábitos de sueño y dieta

Sentirse estresado/a y abrumado/a

Formas de Minimizar los Desencadenantes de la Depresión

No todos los desencadenantes de la depresión son inevitables; algunos pueden evitarse.

Es mejor que aprenda a encontrar su camino alrededor de estos factores desencadenantes tanto como pueda. Si comienza a sentirse abrumado/a, aquí hay algunos pasos que pueden ayudarle:

Manténgase positivo/a

Encuentre formas de mejorar su autoestima y dígase regularmente palabras de aliento.

Sea social

Comuníquese con amigos, familiares y hágalo cuando comience a sentir que sus síntomas se vuelven abrumadores.

Evite el alcohol

Existe la falsa creencia de que el alcohol le hace sentir mejor; aunque pueda parecerlo, la verdad es que puede empeorar su depresión.

Las Primeros Señales de una Recaída de la Depresión

Si ha tenido antecedentes de depresión, los síntomas pueden volver a aparecer y provocarle preocupación; es totalmente comprensible. La gente que ha experimentado depresión antes puede tener una recurrencia después de un período de tiempo. Este período puede variar de semanas a años, a veces muchos años después que haya ocurrido. Si puede detectar las señales de alerta tempranas, es posible que pueda evitar que ocurran episodios graves.

Aproximadamente la mitad de la gente que supera un episodio de depresión por primera vez se mantendrá bien. Para otros, la depresión puede reaparecer algunas veces a lo largo de su vida. La gente tiene diferentes grados de recurrencia; algunos experimentan tristeza o simplemente quieren evitar las actividades diarias. Sin embargo, si tiene estos sentimientos casi a diario durante más de dos semanas y comienza a afectar su vida laboral o social, es posible que esté experimentando depresión.

Dos formas en que puede regresar la depresión son:

Cuando los síntomas comienzan a aparecer nuevamente o empeoran durante la recuperación de un episodio anterior, podemos decir que se avecina una recaída. Es probable que ocurra una recaída dentro de los dos meses posteriores a la interrupción del tratamiento.

La mayoría de las recurrencias ocurren dentro de los primeros seis meses después de la recuperación de episodios anteriores.

Alrededor del 20% de la gente suele experimentar una recurrencia, pero esta puede aumentar cuando la depresión es grave.

Tenemos algunos trastornos similares a la depresión que pueden reaparecer con frecuencia. Estos incluyen:

El Trastorno afectivo estacional (TAE): el TAE ocurre principalmente durante los meses de invierno, debido a la disminución de la luz solar.

Síndrome de disforia premenstrual (SDP): el SDP es una forma grave del síndrome premenstrual.

Las Primeras Señales de Recaída en Depresión

Algunas personas experimentan síntomas de depresión que ocurren una vez; para otros, pueden ocurrir una y otra vez. Es esencial que preste atención a sus síntomas cuando se presenten, ya que esto le ayudará rápidamente a detectar una posible señal de recaída. Las primeras señales de que podría tener una recaída incluyen:

Tener trastornos extremos del sueño; sueño excesivo o falta de sueño

Pérdida de interés en actividades que le gustaba hacer antes

Un sentimiento opresivo de tristeza y ansiedad

Problemas de memoria

Sentir remordimientos por sucesos pasados

Pensamientos o intentos de suicidio

Evitar las conversaciones sociales y las relaciones con la gente

Extremos del apetito que conducen a un aumento o pérdida excesiva de peso

Prevención del Suicidio

Las personas que se suicidan deben haber hablado de ello una o más veces en sus conversaciones, sin importar cuán serio sonara o no. No ignore estas señales. Muchas de estas personas intentan buscar ayuda y quieren que el dolor se detenga. Tome en serio cualquier charla sobre el suicidio y trate de ceder a su grito de ayuda. Aquí hay algunos consejos para responderle a alguien si nota alguna señal de suicidio.

Escuche su conversación con sinceridad y, si no está seguro de que sea un suicida, pregúntele amablemente.

Responda rápidamente al riesgo de suicidio severo. Llame a un centro de crisis local, llame al 911, retire los objetos dañinos del área y no le deje solo/a.

Obtenga atención profesional y tratamiento de seguimiento.

Si tiene pensamientos suicidas, no utilice conversaciones suicidas para darle a alguien una idea de que está pensando en el suicidio. En cambio, ábrase honestamente y podrá salvarse.

Consejos para Prevenir una Recaída

Las personas que sufren episodios de depresión pueden tener sentimientos intensos y abrumadores. Las siguientes estrategias pueden ayudar a prevenir la recaída en la depresión:

Tener relaciones de apoyo.

Evitar el aislamiento. Es imperativo rodearse de gente comprensiva, amable y capaz de ayudar.

Evitar y modificar los patrones de pensamiento depresivos.

La TCC puede ayudarle a cambiar su estilo de pensamiento. La mayoría de la gente que sufre de depresión tiene patrones de pensamiento negativos. Estos patrones se pueden cambiar, y las técnicas de TCC que hemos discutido pueden serle útiles para toda la vida.

Teme los medicamentos que le han recetado.

Trabaje junto con su psiquiatra y siga cualquier patrón de tratamiento que le den.

Esté preparado/a para una recaída. Es aconsejable planificar la recaída y actuar sobre las señales tan pronto como aparezcan.

Corregir y Afrontar una Recaída

Volver a reacciones de ansiedad inútiles y viejos patrones de pensamiento puede significar que el tratamiento inicial no está funcionando de manera efectiva. Le recomendamos que busque el consejo de su médico y preferiblemente cambie su estrategia de tratamiento. Otra opción de tratamiento es el uso de medicamentos como antidepresivos o estabilizadores del estado de ánimo con receta médica. Si ha estado tomando medicamentos anteriormente y parece que no están funcionando, puede hablar con su médico sobre un cambio en la dosis.

Conclusión

La eficacia de la TCC es una de las principales razones por las que se utiliza en todo el mundo para mejorar la salud mental. Atrás quedaron los días en que los médicos y terapeutas solían centrarse únicamente en los medicamentos y otros productos farmacéuticos como tratamiento.

La TCC puede ayudar a tratar la ansiedad, los trastornos de la personalidad, la depresión y otros problemas de comportamiento asociados con la salud mental.

Dar prioridad a su salud mental es tan importante como cuidar su salud física. Un cuerpo sano no le servirá de mucho si su mente está continuamente plagada de negatividad. Siempre puede buscar ayuda y probar la terapia cognitivo-conductual para mejorar su bienestar mental. Ahora que tiene toda la información que necesita, ¡es hora de empezar lo antes posible!

¡Gracias y le deseo todo lo mejor!

Vea más libros escritos por Heath Metzger

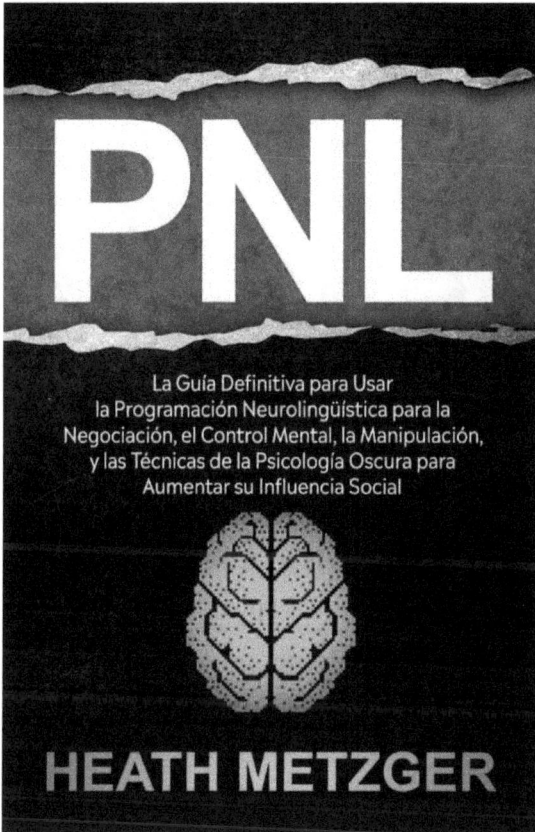

PNL

La Guía Definitiva para Usar
la Programación Neurolingüística para la
Negociación, el Control Mental, la Manipulación,
y las Técnicas de la Psicología Oscura para
Aumentar su Influencia Social

HEATH METZGER

Referencias

Ben, M. (2019). En profundidad: Terapia cognitivo-conductual. Obtenido de

https://psychcentral.com/lib/in-depth-cognitive-behavioral-therapy

Rosy B y col. Qué esperar de la TCC. Obtenido de http://cogbtherapy.com/what-happens-in-cbt

Enfermedad mental. Obtenido de https://www.mayoclinic.org/diseases-conditions/mental-illness/symptoms-causes/syc-20374968

Manual diagnóstico y estadístico de Trastornos Mentales DSM-5ª ed. Arlington, Va.: Asociación Estadounidense de Psiquiatría; 2013

Equipo editorial de Healthline y revisado médicamente por Timothy, J. (2017). Señales de depresión. Obtenido de https://www.healthline.com/health/depression/recognizing-symptoms

Erica, J. (2018) 11 señales y síntomas de los trastornos de ansiedad. Obtenido de https://www.healthline.com/nutrition/anxiety-disorder-symptoms#section2

Deanna, R. (2016). Cómo Crear Metas Alcanzables Para su Bienestar Mental. Obtenido de https://www.goodtherapy.org/blog/how-to-create-achievable-goals-for-your-mental-wellness-0822164

Mark, T. (2016). 3 Técnicas de TCC que Calman Instantáneamente la Ansiedad: herramientas cognitivo-conductuales que cualquiera puede usar. Obtenido de https://www.unk.com/blog/3-instantly-calming-cbt-techniques-for-anxiety/

Chris, C. Tratamiento de la Depresión con Terapia Cognitivo-Conductual. Obtenido de https://journeypureriver.com/treating-depression-cognitive-behavioral-therapy/

3 consejos de TCC para ayudar a superar el estrés laboral. Obtenido de https://www.efficacy.org.uk/blog/corporate-wellbeing/3-cbt-tips-to-help-overcome-workplace-stress/

Sheri, J. (2014). TCC vs. TCBAP - ¿Cuál es la Diferencia? Obtenido de https://www.harleytherapy.co.uk/counselling/cbt-mbct-difference.htm

Courtney, E. (2019). ¿Qué son los pensamientos intrusivos en el TOC y cómo deshacerse de ellos? Obtenido de https://positivepsychology.com/intrusive-Thoughts/

Kimberly, H, y revisado médicamente por Timothy JL (2019). Pensamientos Intrusivos: Por Qué los Tenemos y Cómo Detenerlos. Obtenido de https://www.healthline.com/health/mental-health/intrusive-Thoughts#causes

Atención Plena Animado en 3 minutos. Obtenido de AnimateEducate. https://www.youtube.com/watch?v=mjtfyuTTQFY

Katharina, S, y revisado médicamente por Steven, G. (2019). Utilice la meditación de atención plena para aliviar la ansiedad. Obtenido de https://www.verywellmind.com/mindfulness-meditation-exercise-for-anxiety-2584081

Ana, G y col. (2018). 11 formas de detener un ataque de pánico. Obtenido de https://www.healthline.com/health/how-to-stop-a-panic-attack#recognize-panic-attack

Televisión sin pánico. Meditación para los ataques de pánico: ¿funciona la atención plena? Obtenido de https://www.youtube.com/watch?v=_EbqcVH9eVg

Síntomas de un ataque de pánico. Obtenido de Anxiety and Depression Association of America. https://adaa.org/understanding-anxiety/panic-disorder-agoraphobia/symptoms

Cómo prevenir una recaída. Obtenido de Ansiedad Canadá.

Regina, BW (2016). 7 factores que pueden desencadenar una recaída de la depresión Obtenido de https://www.everydayhealth.com/hs/major-depression-health-well-being/factors-can-trigger-depression-relapse/

Timothy, J. (2019). ¿Cuáles son las primeras señales de una recaída de la depresión? Obtenido de https://www.medicalnewstoday.com/articles/320269.php

https://www.youtube.com/watch?v=wRBw_Iti3Ww

https://www.verywellmind.com/dialectical-behavior-therapy-1067402

https://www.youtube.com/watch?v=ftL7l4KiHag&t=410s

https://bayareadbtcc.com/mindfulness-in-dbt/

https://www.pasadenavilla.com/2019/07/22/mental-v-emotional-health-related/

https://www.webmd.com/mental-health/mental-health-types-illness#1

https://en.wikipedia.org/wiki/Emotional_and_behavioral_disorders

https://www.mayoclinic.org/diseases-conditions/mental-illness/symptoms-causes/syc-20374968

https://www.healthline.com/nutrition/anxiety-disorder-symptoms#section2

https://www.healthline.com/health/depression/recognizing-symptoms

https://www.goodtherapy.org/blog/how-to-create-achievable-goals-for-your-mental-wellness-0822164

https://www.talkspace.com/blog/set-mental-health-goals/

https://anxietyreliefproject.com/managing-anxiety-dialectical-behavior-therapy-dbt/

https://www.anxiety.org/dbt-dialectical-behavior-therapy-compared-to-cbt

https://psychcentral.com/blog/3-dbt-skills-everyone-can-benefit-from/

https://www.behavioralwellnessgroup.com/index.php/articles/125-ten-dbt-techniques-for-anxiety

https://www.clearviewwomenscenter.com/blog/treat-depression-dbt/

https://positivepsychology.com/emotion-regulation-worksheets-strategies-dbt-skills/

https://www.youtube.com/watch?v=lXFYV8L3sHQ

https://www.borderlinepersonalitytreatment.com/dbt-skills-workplace.html

https://www.huffpost.com/entry/managing-work-stress_n_3454501

https://thriveglobal.com/stories/10-ways-to-practice-mindfulness-at-work/

https://www.youtube.com/watch?v=zPopjuKuweg

https://www.verywellmind.com/dialectical-behavior-therapy-dbt-for-bpd-425454

https://www.youtube.com/watch?v=RPgvG13tfAc

https://www.youtube.com/watch?v=aeQwtgFkguU

https://www.getselfhelp.co.uk/distresstolerance.htm

https://www.youtube.com/watch?v=yyH1JLZcVR8

https://www.youtube.com/watch?v=CBopCkdBwsk

https://www.sunrisertc.com/distress-tolerance-skills/

https://www.youtube.com/watch?v=ftL7l4KiHag

https://www.mindful.org/mindfulness-meditation-anxiety/

https://www.intrusivethoughts.org/?topic=mindfulness

https://www.verywellmind.com/relaxation-is-an-essential-ocd-self-help-technique-2510635

https://adaa.org/understanding-anxiety/panic-disorder-agoraphobia/symptoms

https://www.youtube.com/watch?v=_EbqcVH9eVg

https://www.healthline.com/health/how-to-stop-a-panic-attack#close-eyes

https://tinybuddha.com/blog/beat-panic-attacks-3-simple-mindfulness-techniques/

https://www.verywellmind.com/using-mindfulness-for-ptsd-2797588#

https://www.verywellmind.com/dbt-for-ptsd-2797652

https://www.helpguide.org/articles/ptsd-trauma/ptsd-symptoms-self-help-treatment.htm

https://www.verywellmind.com/coping-with-flashbacks-2797574

https://www.medicalnewstoday.com/articles/320269.php

https://www.everydayhealth.com/hs/major-depression-health-wellbeing/factors-can-trigger-depression-relapse/

https://vocal.media/psyche/skills-to-prevent-relapse

https://www.mentalhelp.net/addiction/treatment/mindfulness-based-relapse-prevention-mbrp/

www.ingramcontent.com/pod-product-compliance
Lightning Source LLC
Chambersburg PA
CBHW071956260326
41914CB00004B/819